www.tredition.de

Holger Schulz

Haltung und Erziehung

Wie die deutschen Medien die Bürger
zur Unmündigkeit erziehen

www.tredition.de

© 2019 Holger Schulz

Verlag und Druck: tredition GmbH, Halenreie 40-44,
22359 Hamburg

ISBN
Paperback: 978-3-7482-5988-6
Hardcover: 978-3-7482-5989-3
e-Book: 978-3-7482-5990-9

Aktualisiert im Juni 2019

„In seinem Sessel, behaglich dumm,

Sitzt schweigend das deutsche Publikum.

Braust der Sturm herüber, hinüber,

Wölkt sich der Himmel düster und trüber,

Zischen die Blitze schlängelnd hin,

Das rührt es nicht in seinem Sinn…"

Karl Marx Epigramme: „Gedichte, meinem teuren Vater zu seinem Geburtstage 1837".

(zitiert nach: Karl Marx, Friedrich Engels: Werke, Band 1, S. 607, Bonn 1956).

Inhaltsverzeichnis

1. Über dieses Buch

Ich traue den Medien nicht. Ich traue den Journalisten nicht.

Allerdings: Einige Medien und Journalisten, nur wenige, nehme ich von diesem Verdikt aus. Es sind diejenigen, die trotz einer weit verbreiteten Gleichschaltung, einer Gleichschaltung nicht im Sinne des unseligen Joseph Goebbels, sondern im Sinne eines vom „juste milieu" bestimmten Weltbildes, die also trotz dieser weit verbreiteten Gleichschaltung das Publikum in Selbstachtung sachgerecht, objektiv, unvoreingenommen und redlich informieren. Es gibt sie glücklicherweise, und ich habe die Hoffnung, dass sie sich behaupten werden. Und ich wünsche mir, dass sie auch an Boden gewinnen. In einzelnen Kapiteln dieses Buches umreiße ich einige Mal ihr Wirken und stelle sie im Schlusskapitel ausführlicher vor.

Ich korrigiere mich also: Ich traue der Mehrzahl der Medien nicht. Ich traue der Mehrzahl der Journalisten nicht.

Ich weiß, dass es eine schwierige Aufgabe ist, insbesondere angesichts wirtschaftlicher Abhängigkeiten und regelmäßiger politischer Einflussnahme, einen dennoch emanzipierten, souveränen Journalismus zu liefern. Manche Journalisten, Beispiele hierfür folgen später, manche haben sich befreit und sind erfolgreich. Jedoch wird ihr Einfluss auf unsere Gesellschaft gering bleiben, wenn das Publikum keinen Bedarf an ihrer Arbeit hat. Die Verarbeitung von Informationen und die Bildung eigener, von Dritten unbeeinflusster Meinungen erfordern gewisse Anstrengungen und Fähigkeiten zur Konzentration, Anforderungen also, die der bequemen Haltung eines unkritischen Medienkonsums entgegen stehen. Große Teile des „dummen Publikums" neigen dazu, sich nicht zu placken, sie scheuen es, die Last auf sich zu nehmen, Informationen zu gewinnen, sie zu sortieren und eigene Schlüsse zu ziehen. Es ist weitaus kommoder, fertige Meinungen ohne Beschwer zu konsumieren und eingelullt zufrieden in den Tag hinein zu leben.

Die Mehrzahl der Medien und die Mehrzahl der Journalisten erfüllen somit offenbar die Erwartungen eines großen, vermutlich weit überwiegenden Teils eines entzückten Publikums. Meine Ansprüche hingegen sind andere: Informiert mich richtig, umfassend, ohne unliebsame Dinge zu verschweigen, sagt, wenn ihr lediglich eure Meinung verbreitet und unterhaltet mich mit Geist und Verstand! Und: Indoktriniert mich nicht!

Ich befürchte, dass mein Anliegen zu radikal ist und nur eine Utopie bleibt. Ich hoffe aber, dass ich mit diesem Buch ein wenig dazu beitragen kann, bei den Lesern das Gespür für Defizite bei der jetzt herrschenden Ausprägung journalistischer Darbietungen zu fördern und die Leser zu ermutigen, sich ihres eigenen Verstandes zu bedienen.

Ich beobachte die heutige Ausrichtung und Arbeit der Mehrzahl der Medien mit einer gewissen Ratlosigkeit und Sorge.

Rückblickend auf vergangene Jahrzehnte habe ich den Eindruck, dass Journalisten in der Vergangenheit aufgeklärter und gebildeter gewesen sind und auch solider, transparenter und besonnener ihre Arbeit verrichtet haben als diejenigen, die heute in diesem Gewerbe tätig sind. Vor dem Hintergrund dieser sicherlich angreifbaren These, möchte ich meine Einschätzung des journalistischen Metiers präzisieren:

Ich vertraue der Mehrzahl der Medien nicht mehr. Ich vertraue der Mehrzahl der Journalisten nicht mehr.

Nach jahrzehntelanger kritischer Begleitung und Beurteilung dessen, was mir die Medien anbieten, komme ich zu der Erkenntnis, sie wollen mich nicht informieren, sondern beeinflussen. Vor fünfzig Jahren, und noch Jahrzehnte später, habe ich jeden Montag ungeduldig erwartet, um den „Spiegel" zu kaufen, eilends die Seiten durchzublättern, mich interessierende Artikel anschließend lesend zu überfliegen, um dann im Verlauf der Woche bis zum nächsten Montag fast alle Beiträge gründlich zu erschließen. Rudolf Augstein („sagen, was ist") hat das Magazin geprägt, ja, manchmal einseitig, wenn es um die Aufarbeitung der für seine Generation prägenden Zeit des Krieges gegangen ist, oder wenn in seinem Blatt die nahezu paradiesischen Zustände in der DDR (sogar in einer vierteiligen Serie) geschildert worden sind. In der Gesamtsicht aber hat ein ausgewogener Journalismus dominiert, der mir meine Mündigkeit nicht abgesprochen hat. Heute, das wird in diesem Buch darzustellen sein, indoktriniert der „Spiegel". Ich meide die Lektüre des Magazins nach wiederholten Versuchen inzwischen weitgehend.

Auch die „Zeit" hat jahrelang zu meiner regelmäßigen Lektüre gehört, bis der Einfluss von Marion Gräfin Dönhoff in der Wochenzeitung immer größer wurde mit dem Ergebnis, dass das belehrende Element der Besserwisserei immer stärker zum Vorschein trat. Marion Gräfin Dönhoff („Ich fahre (mit dem Porsche auf der Elbchaussee) immer achtzig. Mindestens") und die „Zeit" haben zunehmend eine Überheblichkeit signalisiert, die mich immer mehr abgestoßen und am Ende bewirkt hat, dass ich auch dieses Blatt ungern in die Hand nehme. Warum ich mit der heutigen „Zeit" hadere, hat viel mit dem von der Zeitung ungehemmt verbreiteten Jubel über den unkontrollierten Zustrom von Migranten zu tun („Willkommen! - Die Flüchtlinge sind ein Glück für Deutschland") und damit, dass bei der „Zeit", wie ich später zeigen werde, nur noch Linientreue gefragt ist, ohne dass Pro- und Contra-Argumente abgewogen werden dürfen.

Ich habe heute nicht nur bei diesen beiden Medien, sondern auch bei vielen anderen, vor allem den öffentlich-rechtlichen Rundfunkanstalten, große Schwierigkeiten, die verkündeten Wahrheiten gefasst entgegenzunehmen. Ich erhalte Warnungen vor dem Bienensterben, obwohl sich die Anzahl der Bienenvölker in Deutschland in den letzten zehn Jahren um rund 300.000 auf jetzt knapp eine Million erhöht hat (weltweit 80 Mio. auf 90 Mio.).[1] Ich lese vom Ozonloch, das mich bedroht, und vom Klimawandel, der trotz der erheblichen Klimaschwankungen in den letzten paar Millionen Jahren nunmehr menschengemacht ist. Ich lerne, dass Schutzsuchende aus aller Herren Länder gut für mich sind, auch wenn nur ein Prozent von ihnen das im Grundgesetz verankerte Recht auf Asyl hat. Ich erfahre, dass Glyphosat und jegliche Gentechnik gefährlich sind und dringend verboten werden müssen. Ich entnehme den Medien, dass jetzt eine neue Sprache, eine gendergerechte Sprache mit Sternen und Unterstrichen angebracht ist. Die Medien erklären mir, dass die Atomkraftwerke in Deutschland abgeschaltet werden müssen, wenn sich bei einem Beben auf der anderen Seite der Erde die Pazifische Platte sich auf die Nordamerikanische Platte schiebt. Und die Medien beruhigen mich mit ihrem Wissen, dass der Euro und die EU alternativlos sind.

Ach ja: Ich soll mich vor Populisten hüten! Und ich soll Haltung zeigen!

Journalisten helfen mir, Zweifel nicht erst aufkommen zu lassen, damit ich ein nachdenkenloses Leben mit ihren Wahrheiten führen kann. Ich erkenne an, dass sie dazu hart arbeiten. Ich weiß um ihren Einsatz, wie mir ein treffendes Beispiel aus einer Redaktionsstube zeigt: Ich lerne aus diesem Beispiel, welche Kreativität und welcher Schöpfergeist erforderlich sind, um journalistisch über die Runden zu kommen.

***

„In Kalkutta fanden Straßenkämpfe zwischen Mohammedanern und Hindus statt. Es gab, obwohl die Polizei der Situation sehr bald Herr wurde, vierzehn Tote und zweiundzwanzig Verletzte. Die Ruhe ist vollkommen wiederhergestellt."[2]

In der Chefredaktion der Zeitung, die diese Meldung veröffentlicht, hat sich der Politikredakteur Münzer die Straßenkämpfe in Kalkutta kreativ einfallen lassen, denn es gilt, einige leere Zeilen der Zeitung zu füllen. Fabian, der Protagonist in Erich Kästners Roman „Fabian", erschienen 1931, hat erhebliche Zweifel, ob es anständig sei, fiktive Menschen im fernen Indien umbringen zu lassen, um die Zeitungsseite zu füllen. Münzer hat jedoch keine Skrupel und kein Mitleid mit den Leuten, denn „sie leben ja noch, alle sechsunddreißig, und sind kerngesund." Im Übrigen erklärt Münzer, dass das, „was wir hinzudichten, nicht so schlimm (ist), wie das, was wir weglassen." Und mit einem weiteren Kommentar zum Journalistenalltag desillusioniert Münzer seinen Gesprächspartner Fabian, indem er hinzufügt: „Man beeinflusst die öffentliche Meinung mit Meldungen wirksamer als durch Artikel, aber am wirksamsten dadurch, daß man weder das eine noch das andere bringt. Die bequemste öffentliche Meinung ist immer noch die öffentliche Meinungslosigkeit."

Die Romanszene endet damit, dass Münzer Wein und Gläser kommen lässt, einschenkt und das Glas erhebt: „Die vierzehn toten Inder sollen leben!"

Diese Romanepisode ist nicht in der Urfassung des Buches enthalten, das Kästner auf Betreiben des Verlages, der Deutschen Verlags-Anstalt, hat grundlegend überarbeiten müssen, weil sein Roman drastische Erlebnisse aus dem Berliner Nacht- und Sittenleben enthalte, die dem Publikum nicht zuzumuten seien.[3] Statt der sittenlosen Szenen hat Kästner die oben beschriebene Journalistenszene eingefügt, die in ihrer Schärfe und Brillanz zu einem Glanzstück geraten ist und ein bezeichnendes Licht auf die Moral der Branche wirft. Die Bemerkung Münzers, dass die öffentliche Meinung am besten aus Meinungslosigkeit bestehe, ist nach meinem Eindruck eine sarkastische Zustandsbeschreibung, die nicht nur für 1931 gilt.

Wie die Medien die öffentliche Meinung heute beeinflussen, soll das Hauptthema dieses Buches sein. Dabei möchte ich auch herausstellen, wessen Meinung vermittelt wird. Dazu hat Paul Sethe, unter anderem einst Mitherausgeber der „Frankfurter Allgemeinen Zeitung" und später Ressortchef bei der „Welt", eine treffende Anmerkung gemacht, die der „Spiegel" im Mai 1965 in einem Leserbrief veröffentlicht hat: „Pressefreiheit ist die Freiheit von zweihundert reichen Leuten, ihre Meinung zu verbreiten. Journalisten, die diese Meinung teilen, finden sie immer."[4] Und auch diese Erkenntnis des unabhängigen Journalisten Sethe steht im Leserbrief: „Das Verhängnis sitzt tiefer. Es besteht darin, daß die Besitzer der Zeitungen den Redaktionen immer weniger Freiheit lassen, daß sie ihnen immer mehr ihren Willen aufzwingen. Da aber die Herstellung von Zeitungen und Zeitschriften immer größeres Kapital erfordert, wird der Kreis der Personen, die Presseorgane herausgeben können, immer kleiner. Damit wird unsere Abhängigkeit immer größer und gefährlicher."

Der Leserbrief Sethes ist eine Antwort auf einen „Spiegel"-Artikel des Journalisten Peter Grubbe, der zwei Wochen zuvor am 20. April 1965 im Magazin unter dem Titel „Links immer leiser" eine Analyse der politischen Publizistik in Deutschland veröffentlicht hat.[5] Grubbe bedauert, dass in den Medien kaum noch liberale und sozialistische Kritiker zu Wort kämen, sondern dass „in geradezu beängstigendem Maße der Chor regierungstreuer, konformistischer Stimmen" wachse und besonders vom Springer-Konzern ein strammer Rechtskurs gesteuert werde. Im Fernsehen, konstatiert Grubbe, hätten die letzten liberalen Journalisten das Feld räumen müssen oder seien verstummt und das Fernsehen käme der Neigung des Publikums zur leichten Unterhaltung entgegen mit munteren Fernsehspielen und bunten Shows.

Die Tendenz des Fernsehens zu seichter Unterhaltung hat sich in den folgenden mehr als 50 Jahren bis heute weiter bestätigt. Das Publikum will es offenbar so, wie sich beispielsweise bei der Auswertung der am häufigsten angefragten Begriffe bei Google zu TV-Shows im Jahr 2017 zeigt. Dschungelcamp, European Song Contest, Bachelorette sind die drei Begriffe, nach denen Google-Nutzer immer wieder fragen. Die häufigsten mit dem Interrogativpronomen „Wie?" beginnenden Fragen lauten: „Wie oft war Frankreich Weltmeister?", „Wie muss Deutschland spielen, um weiter zu kommen?" und „Wie heißt der Sohn von Kate und William?"

Das Fernsehen entwickelt sich konsequent weiter zur Seichtheit und bleibt damit auf Linie. Es bedient offensichtlich ein breites Interesse des Publikums, denn Millionen lassen sich Tag für Tag mit Sportsendungen, Musikshows, Kriminalfilmen und Schmonzetten, „munteren Fernsehspielen", berieseln. Die politische Ausrichtung der Politik-Ressorts hingegen hat sich grundlegend geändert: Die von Peter Grubbe damals noch vermissten „sozialistischen" Journalisten bestimmen heute das öffentlich in den Medien verbreitete gesellschaftliche Klima. Konservative und liberale Journalisten arbeiten vorsichtig, fast verborgen, im Schatten des „politisch Korrekten", um nicht lautstarken medienwirksamen Tugendwächtern unangenehm aufzufallen.

Am Rande sei hier mit einer eingeschobenen Bemerkung auf ein befremdliches Moralverständnis des Journalisten Grubbe hingewiesen: Peter Grubbe heißt bis 1945 Claus Peter Volkmann und ist ein wegen Mordes gesuchter Kriegsverbrecher. Bis 1995, da ist Volkmann 81 Jahre alt, bleibt seine verantwortliche Mitwirkung an der Ermordung von 30.000 Juden unbekannt, bis die „taz" unter dem Titel „Es gibt zwei Leben vor dem Tode" die wahre Identität des als linksliberal geltenden Peter Grubbe aufdeckt.[6] Grubbe ist nicht alleine: Die glatte, erfolgreiche Anpassung anderer Journalisten an geänderte politische Verhältnisse zeige ich in einem späteren Kapitel.

Paul Sethe, den Rudolf Augstein in einem Nachruf als „einfühlsam, unbestechlich, kenntnisreich, nobel" bezeichnet hat, dieser liberale Journalist hat Recht behalten, die Marktmacht der Wenigen ist seit 1965, dem Jahr, in dem Paul Sethe den Leserbrief geschrieben hat, größer geworden.

Heute wird der Pressemarkt von einem Oligopol reicher Personen oder Familien beherrscht. Zu ihnen gehören Friede Springer (Axel Springer SE), Hubert Burda (Hubert Burda Media Holding KG), Yvonne Bauer (Heinrich Bauer Verlag KG - Bauer Media Group), die Familien Johannes Mohn und Liz Mohn (Bertelsmann) oder Dieter von Holtzbrinck (DvH Medien GmbH). Die fünf größten Verlagsgruppen decken 99,5 Prozent des gesamten deutschen Zeitungsmarktes ab, unter ihnen ist der Springer-Konzern die auflagenstärkste Verlagsgruppe, allen voran mit der „Bild"-Zeitung mit 1,9 Millionen Exemplaren, die trotz immensen Rückgangs der Auflage (400.000 Exemplare in zwei Jahren) immer noch einen beachtlichen Zuspruch erfährt.[7]

***

Unabhängiger Journalismus ist schon seit längerer Zeit rar, genauer seit rund 250 Jahren, wie ein scharfer Kritiker des angepassten Journalismus schreibt: „Eine Zeitung sieht aus, wie die andere; da machen sie dir beständig vor der grossen Herren knix, lassen kein Geburts- Namens- oder Vermählungs-Fest vorbeygehen, ohne mit dem Hütlein unter dem Arm in der demüthigsten Stellung sich im Vorsaale der Großen einzufinden, und sie im niedrigsten Gratulanten-Tone zu complimentiren", kritisiert Christian Friedrich Daniel Schubart in seiner „Deutschen Chronik" im Jahr 1774 seinen eigenen Berufsstand. „Elende Schmiereyen" hat Schubart bei den „deutschen Scribenten" erkannt, die davor zurückschreckten, den „politischen, literarischen und mercantilischen Zustand ihres Landes" zu schildern.[8]

Noch deutlicher wird Schubart zwei Jahre später, als er am 20. Mai 1776 in seiner „Deutschen Chronik" schreibt: „Unter allen kriechenden Kreaturen des Erdbodens ist der Zeitungsschreiber die kriechendste. Wie er da mit kindischer Bewunderung den Pomp der Großen anstaunt!" Und weiter echauffiert er sich mit dieser Bewertung: „Alle unsere Schriften haben das Gepräge unsers sklavischen Jahrhunderts, und die Zeitungen am meisten."[9]

Einige Jahrzehnte später ist es um das Ansehen der Zeitungsschreiber, das „geistige Proletariat", wie Ferdinand Lassalle es nennt, nicht besser bestellt. Lassalle, einer der Hautinitiatoren des Allgemeinen Deutschen Arbeitervereins, des Zusammenschlusses der Arbeiterbewegung, den die SPD später kurzerhand als ihre Vorgängerorganisation bezeichnet und in Anspruch nimmt, Lassalle also findet in einer seiner Rheinischen Reden im September 1863 starke Worte zur Charakterisierung der Presse: „Ihre Lügenhaftigkeit, ihre Verkommenheit, ihre Unsittlichkeit werden von nichts überboten als vielleicht von ihrer Unwissenheit (...). Täglich Lügen, Lügen in reinen puren Tatsachen, Tatsachen erfunden, Tatsachen in ihr Gegenteil entstellt."[10] Er fragt, ob, „wer, der sich selber achtet, wer, der nur irgendwelche Befähigung zu reellen Leistungen auf dem Gebiete der Wissenschaft, des Gedankens" habe, zu dem Heer von Zeitungsschreibern gehen solle.

Und Lassalle stellt fest: „Der Korrespondent muß schreiben, wie der Redakteur und Eigentümer will; der Redakteur und Eigentümer aber, was die Abonnenten wollen und die Regierung erlaubt! Wer aber, der ein Mann ist, würde sich zu einer solchen Prostitution des Geistes hergeben?" Damit lässt er es aber noch nicht gut sein und legt nach: „Daher kommt es, daß, wer heute mit einer halben Bildung in die Zeitungsschreiberkarriere eintritt, in zwei oder drei Jahren auch das wenige noch verlernt hat, was er wußte, sich geistig und sittlich zugrunde gerichtet hat und zu einem blasierten, ernstlosen, an nichts Großes mehr glaubenden noch erstrebenden und nur auf die Macht der Clique schwörenden Menschen geworden ist!"

Die „Deutsche Chronik" von Christian Friedrich Daniel Schubart erscheint nur während dreier Jahre, denn ab 1777 kann Schubart seinem Metier nicht mehr nachgehen. Er wird für zehn Jahre eingekerkert, weil er Franziska von Hohenheim, die offizielle Mätresse des württembergischen Herzogs Carl Eugen, beleidigt hat. Ein großer Zeitungsschreiber ist damit mundtot.

Lassalle wird ebenfalls in Haft genommen, unter anderem wegen seines Aufrufs zur Steuerverweigerung im Verlauf der Revolution im Jahr 1848. Lassalle, „sicher einer der bedeutendsten Kerle in Deutschland" (Friedrich Engels), stirbt nach einem Duell am 31. August 1864.

Nach diesen Exkursen in frühere Beurteilungen der Zunft der Zeitungsschreiber ist es an der Zeit, in die Gegenwart, die durchaus nicht besser ist, zurückzufinden. Eine wunderschöne Arie, gesungen von der begnadeten Maria Callas, stimmt darauf ein, die heutige Medienwelt und ihr Publikum gelassen zu analysieren.

2. Das Selbstverständnis der Medienmacher

Maria Callas singt anrührend zart und zerbrechlich die Cavatine „Casta Diva" der Priesterin Norma in Vincenzo Bellinis gleichnamiger Oper „Norma". Die Priesterin bittet die keusche Göttin, uns ihr Antlitz unumwölkt und unverschleiert zuzuwenden, die feurigen Herzen und den verwegenen Eifer unter den Menschen zu mäßigen und auf Erden Frieden zu verbreiten. Nein, hier soll nicht der Kunst der Oper gehuldigt werden, sondern der Gesang der Norma erklingt im Hintergrund einer TV-Dokumentation, die die aktuelle Lage der Medienwelt beleuchten will.

Die Bilder in der ARD-Dokumentation „Nervöse Republik - Ein Jahr Deutschland", gesendet am 19. April 2017, passen ganz und gar nicht zu diesem ergreifenden Gesang, denn der Film zeigt während der berührenden Arie der Diva Assoluta Maria Callas unter anderem die schwarz-weiße Lithografie „Das Gerücht" von A. Paul Weber, auf der ein schwebender Schlangenmensch ohne Arme und Beine mit spitzen Ohren und großer Brille an Hochhäusern vorbei schwebt, aus deren Fenstern sich Menschen stürzen, sich dem unheimlichen Wesen anschließen und mit ihm eins werden.

In anderen Szenen des Films rufen Demonstranten „Volksverräter", martialisch ausgerüstete Polizei ist zu sehen, das Wort

„Lügenpresse" fällt und einer „AfD-Schlampe" wird verheißen, dass sie Weihnachten nicht erleben werde.

Von Frieden auf Erden, gemäßigten feurigen Herzen und gemäßigtem verwegenen Eifer, der Bitte Normas, ist in diesem Film von Stephan Lamby nichts zu spüren.[11]

***

„Bild" bekämpft den Populismus, sagt der Herausgeber der Zeitung. Von Journalismus ist nicht die Rede.

Kai Diekmann zeigt sich in der Fernsehdokumentation locker in Jeans und mit sehr, sehr weit geöffnetem Oberhemd, ein (mindestens) zwei Tage alter Bart signalisiert eine unangepasste Attitüde. Er sitzt auf einer Schreibtischkante, ein Bein mit beiden Händen umfassend an den Körper herangezogen und erklärt, wie Journalismus funktioniert.

„Das ist brandgefährlicher Populismus und das wird von uns bekämpft", sagt „Bild"-Herausgeber Kai Diekmann in der Dokumentation. Den Populismus hat Diekmann bei der politischen Partei Alternative für Deutschland, der AfD, entdeckt. Die Frage im Interview, ob Diekmann Journalist oder Aktivist sei, beantwortet der „Bild"-Herausgeber mit „nein". Vermutlich will er damit sagen, er sei weder der eine noch der andere, also weder Journalist noch Aktivist, aber er erklärt, dass Journalisten aktiv gegen Extremismus von rechts und links eintreten. Den Einwurf des Interviewers, dass er bisher der Meinung gewesen sei, Journalisten berichteten, nun aber erfahren müsse, dass Journalisten kämpfen, diesen Einwurf übergeht Kai Diekmann großzügig mit dem Hinweis, dass Antisemitismus bekämpft werden müsse, nicht äußernd, ob dieser Antisemitismus von Sympathisanten der AfD oder von Antifa-Aktivisten im extremen linken Spektrum ausgehe.

Begeistert zeigt sich Diekmann von der „Bild"-Kampagne „Refugees Welcome" im Jahr 2015, in der die Zeitung dafür gekämpft habe, dass „die, die zu uns kommen, offen und mitmenschlich empfangen werden." Den Satz von Hans Joachim Friedrichs, einst Moderator der ARD-Sendung „Tagesthemen", ein Journalist solle Distanz halten, sich nicht gemein machen mit einer Sache, auch nicht mit einer guten, zitiert Diekmann dem Sinne nach und lehnt ihn deutlich ab: „Den hielt ich schon immer für falsch."

Kai Diekmann vermittelt das Bild eines Journalisten, wie es übelmeinende Karikaturisten nicht kläglicher hätten herausstellen können. Diekmann erklärt von oben herab, was richtig ist, überheblich, von sich selbst überzeugt. Sein ganzes Auftreten, im Habitus, in der Sprache und in der Aufmachung, zeugt von einem Mangel an Bescheidenheit. Seine Selbstdarstellung in der Dokumentation passt zu seiner Hofhaltung im Berliner „Café Einstein"

Unter den Linden, wenn er, morgens direkt gegenüber der Eingangstür sitzend, die Honneurs der eintretenden, geflissentlich grüßenden Politiker mit angedeutetem Kopfnicken entgegennimmt. „Bild" ist eine Macht, und Diekmann weiß es, und die Politiker wissen es. Geben und Nehmen hält das Geschäft beider Partner, „Bild" und Politiker, am Leben. Diederich Heßling in Netzig, Heinrich Manns Hauptfigur in seinem Roman „Der Untertan", spannt den Redakteur Nothgroschen der Netziger Zeitung für seine politischen Zwecke ein, Berliner Politiker von heute spannen „Bild" ein, und „Bild" spannt Politiker ein. Seit Februar 2017 muss „Bild" ohne Diekmann auskommen. „Es war mir eine Ehre!", twittert Diekmann.

Am Rande: Kai Diekmann erfährt von Januar bis März 2019 in der Kunsthalle Rostock eine außerordentliche Würdigung. 190 Fotografien zeigen Prominente auf dem Sofa in Diekmanns Chefbüro vor dem übergroßen „Bild"-Logo, einem Kunstwerk des Künstlers Jens Lorenzen, der zerrissene Zeitungsteile mit zahlreichen Farbschichten übermalt und zu einem leicht derangierten Logo zusammengefügt hat. Peter Huth, Chefredakteur der „Welt am Sonntag", äußert sich begeistert in der „Welt" („Kais Büro") über diese Ausstellung, in der sein ehemaliger Chef Diekmann gewürdigt wird. Mancher Leser dürfte peinlich berührt sein über das Elaborat Huths, der in seinem Artikel über die Ausstellung besonders der Kanzlerin applaudiert („entspannt, wie sie nur wenige kennen") und, wiederum sich einschmeichelnd, die „charmante" Ministerpräsidentin Mecklenburg-Vorpommerns, Manuela Schwesig, besingt.[12]

„bild.de" ist der Klon von „Bild", hofhörig und salbadernd. Der Chefredakteur bejubelt die Kanzlerin.

„bild.de" ist ganz auf der Linie des Herausgebers Diekmann, wie eine weitere Szene des ARD-Films zeigt. Die stellvertretende AfD-Bundesvorsitzende Beatrix von Storch hat nach einem Fußballspiel Deutschland gegen Frankreich getwittert: „Vielleicht sollte nächstes mal dann wieder die deutsche Nationalmannschaft spielen?" „Das ist Hetze", ja sogar „Volksverhetzung", stellt der Chefredakteur Julian Reichelt in der Redaktionskonferenz fest und nimmt zustimmend zur Kenntnis, dass einer der Redakteure locker anmerkt, aus der eigenen Partei der Politikerin solle eine Rüge „organisiert" werden („ne´ Rüge oder so was lässt sich organisieren"). Der danach erscheinende „Bild"-Artikel trägt die Überschrift „AfD-Storch hetzt gegen unsere National-Elf!"

Julian Reichelt teilt in einer Podiumsdiskussion nach Aufführung des TV-Films mit, es gebe in Medienbetrieben kein bewusstes Konstruieren von Wahrheiten oder Realitäten, und er wehre sich „ganz massiv und in aller Schärfe" gegen derartige Behauptungen. Eine Szene, wie in der Dokumentation gezeigt, als die Redaktion eine Rüge gegen Beatrix von Storch „organisieren" will, weist Julian Reichelt also „ganz massiv und in aller Schärfe" zurück. Der Fernsehzuschauer erfährt: Der Chefredakteur hält die Zuschauer für tumbe Toren.

In dieser Podiumsdiskussion, an der einige „Hauptdarsteller"
der Dokumentation teilnehmen, erklärt uns der Chefredakteur des
„Spiegel", Klaus Brinkbäumer, er kämpfe für die Pressefreiheit,
für Demokratie, „pathetisch formuliert: für die Wahrheit."[13] Zwei
Sätze später stellt Brinkbäumer fest, der US-amerikanische Präsident Donald Trump arbeite mit antidemokratischen Parolen und
Gesetzen, er arbeite gegen Ausländer, er sei rassistisch, frauen-
feindlich und er lüge erwiesenermaßen. Brinkbäumer dürfte sich
des Applaus´ der überwältigenden Mehrheit seiner Berufskollegen sicher sein, denn Donald Trump gilt unter ihnen als Persona
non grata. Es bereitet große Pein, dem „Spiegel"-Chefredakteur
zuzusehen, wie er selbstgefällig absolute Gewissheiten über den
US-Präsidenten verbreitet, und ebenso unerträglich ist es, dass
sich im Publikum, den Berufskollegen des Chefredakteurs, nicht
der geringste Unmut breit macht.

Man ist sich einig. Einer allerdings hat - zumindest zeitweilig -
Ahnungen darüber, dass die Einigkeit in den journalistischen
Kreisen Grenzen haben sollte.

***

Die „Zeit" arbeitet im üblichen Maß daran, die Politik mitzugestalten und die Macht und die Eliten zu unterstützen, erklärt der Chefredakteur.

„Willkommen!", ruft die „Zeit" am 6. August 2015 auf ihrer Titelseite, illustriert mit dem Foto einer irakischen Flüchtlingsfamilie, Vater, Mutter und drei kleine Kinder. Das „Willkommen" mit Ausrufungszeichen ergänzt die Zeitung mit dem Hinweis „Geschichten aus einem Land, das Fremden die Hand reicht." Der „Zeit"-Chefredakteur Giovanni di Lorenzo erkennt in der Zeitung: „Jeder Flüchtling ist eine Bereicherung für das Land." Die „Zeit" zeigt sich begeistert über hunderttausende „Flüchtlinge" vor allem aus Syrien und Nordafrika, die unregistriert und unkontrolliert ins Land strömen.

Es dauert fast ein Jahr, bis der „Zeit"-Chefredakteur di Lorenzo im Interview mit dem Branchenfernsehen turi2.tv sagt, dass „wir eine ganze Weile zu sehr dazu tendiert haben, uns zu Mitgestaltern dieser Flüchtlingsbewegung zu machen und nicht uns konzentriert haben auf die Rolle der Beobachtung, und das haben uns Leute übel genommen." Und weiter: „Also fand das Vorurteil Bestätigung, dass wir sozusagen mit der Macht, mit den Eliten unter einer Decke stecken und das, was uns verordnet wird, mit unterstützen."[14] Mit „wir" meint di Lorenzo vermutlich „die" Journalisten, denn er sagt, dass er sich nicht habe träumen lassen, dass ganz große Zeitungen in Deutschland, gemeint ist die

„Bild"-Zeitung, die „Refugees welcome"-Parolen aus der autonomen Szene übernommen hätten.

Bemerkenswert ist die Einschätzung des Chefredakteurs der „Zeit", dass „wir", die Journalisten, „zu sehr" dazu tendiert haben, Mitgestalter zu sein. Also ist es offenbar üblich, Politik mitzugestalten, in diesem Fall ist die Mitgestaltung jedoch über das gewöhnliche Maß hinaus gegangen. Die Aussage, dass die Journalisten mit der Macht unter einer Decke stecken und sie, die Journalisten, das, was ihnen verordnet wird, mit unterstützen, gelte für Letzteres nicht („de facto nicht der Fall gewesen"). Ersteres, dass Journalisten mit der Macht unter einer Decke stecken, gilt offenbar uneingeschränkt. Dieses Interview des „Zeit"-Chefredakteurs ist ein Offenbarungseid - allerdings ohne Folgen. Vielleicht ist das Interview aber auch nichts anderes als eine Bubenbeichte, also nicht allzu ernst zu nehmen.

Giovanni di Lorenzo steht mit seiner kritischen Sicht über das Selbstverständnis der Journalisten ziemlich alleine, wie sich im „Publishers´ Summit", der Abschlussveranstaltung des Verbandes Deutscher Zeitschriftenverleger (VDZ) im November 2016 zeigt, als mehrere Chefredakteure der größten deutschen Medien über ihre Arbeit diskutieren. Jörg Quoos aus der Zentralredaktion der Funke Mediengruppe befindet: „Die deutsche Presse ist gut. Ich würde sagen, so gut wie nie zuvor", und der „Focus"-Chef Robert Schneider unterstützt den Kollegen mit der Bemerkung, die Qualität der Presse sei „so hoch wie selten zuvor."[15] Die Zahl derjenigen, die weniger selbstgefällig sind und sich kritisch zu Wort melden, ist gering. Einer wagt es: Hier sei „eine Stufe der Selbstbeweihräucherung" erreicht, bei der sich bei ihm „alles" sträube, zitiert der Branchendienst Meedia den „Zeit"-Chefredakteur Giovanni di Lorenzo. Da hat di Lorenzo zweifellos das richtige Empfinden.

***

Die Journalistin Claudia Zimmermann, freie Mitarbeiterin des Westdeutschen Rundfunks (WDR), erklärt in der Radiosendung „De Stemming" (Die Stimmung) des Senders L1 in den Niederlanden im Januar 2016 unverhohlen, die Journalisten des WDR seien „natürlich angewiesen, pro Regierung zu berichten."[16] Die Journalistin ergänzt in der Talkrunde des Limburger Radiosenders, der (deutsche) öffentlich-rechtliche Rundfunk sei mit seiner Gebührenfinanzierung so ausgerichtet, eher in Richtung Regierung und nicht aus Oppositionssicht zu berichten.

Diese erstaunlich offenen Worte widerruft die Journalistin am nächsten Tag nach einem Gespräch mit ihrem Kölner Arbeitgeber, sie sei niemals aufgefordert worden, tendenziös zu berichten oder einen Bericht in eine bestimmte Richtung zuzuspitzen. Und der Westdeutsche Rundfunk erklärt ergänzend, der WDR stehe für einen ausgewogenen und unabhängigen Journalismus. „Das entspricht in keinster Weise der Haltung des Unternehmens", heißt es in gewöhnungsbedürftigem Deutsch in der Erklärung des WDR, der eine Steigerungsform von „kein" kennt.[17]

Eineinhalb Jahre später bestätigt die Journalistin Claudia Zimmermann ihre ursprüngliche Aussage mit den Worten: „Vor allem die großen Fernsehsender ARD und ZDF werden immer als Staatsfernsehen kritisiert, und meiner Meinung nach stimmt das. Es wird zu wenig kritisch über die Regierung berichtet. (…) Chefredaktionen oder Studioleitungen sorgen dafür, dass zu kritische Berichte gar nicht erst gesendet werden."[18] Claudia Zimmermann kann jetzt offen sprechen, denn sie hat keine Aufträge mehr für den WDR bearbeiten dürfen. Eine unbotmäßige Journalistin ist ganz schnell ausgeschaltet worden.

Die eigene Tätigkeit, die manches Mal sehr nahe an kunstvolle Agitation und Propaganda heranreicht, wird von Journalisten wie Diekmann, Brinkbäumer, Reichelt oder Huth offen gutgeheißen. Im öffentlich-rechtlichen Rundfunk sieht es nicht besser aus. In welcher Rolle sich die Journalisten insbesondere der ARD und des NDR gefallen, zeige ich im nächsten Kapitel.

3. Kontrollierende Demokraten

„Es muss demokratisch aussehen, aber wir müssen alles in der Hand haben", heißt die Direktive, die Walter Ulbricht, der spätere Parteiführer der SED, Anfang Mai 1945 in Bruchmühle bei Straußberg östlich von Berlin ausgibt, um „demokratisch" die Kommunistische Partei neu aufzubauen, die staatliche Verwaltung nach dem Ende des Zweiten Weltkriegs „demokratisch" mit Kommunisten zu besetzen und eine „demokratische" Parteizeitung herauszugeben. Außerdem soll ein „antifaschistisch-demokratischer Block" gegründet werden.[19] Das berichtet Wolfgang Leonhard („Die Revolution entläßt ihre Kinder"), der in der aus zehn Männern bestehenden „Gruppe Ulbricht", die aus Moskau in den letzten Kriegstagen eingeflogen worden ist, mithilft, im von der Sowjet-Union besetzten Teil Deutschlands ab Mai 1945 eine staatliche Struktur nach sowjetischem Vorbild aufzubauen.

Heute werden die politischen Strukturen in Russland, einer Darstellung der Bundeszentrale für politische Bildung folgend, mit dem Begriff „gelenkte Demokratie" bezeichnet, einem System, das „Verfassungsprinzipien beugt und demokratische Institutionen und Verfahrensweisen manipuliert." Demokratische Verhältnisse werden lediglich vorgegaukelt.[20] Beide Beispiele zeigen einen Zustand auf, der mit der Bezeichnung „Demokratie" geadelt wird, aber tatsächlich nichts mit demokratischen Verhältnissen zu tun hat.

Die ARD lenkt und kontrolliert die Demokratie: Fakten sind ohne Bedeutung, es zählen „moralische Argumente". Dies offenbart ein Dokument der ARD mit amoralischen Argumenten.

Jetzt, im Jahr 2019, kann das Publikum der ARD eine weitere Variante der Demokratie kennen lernen, die „Kontrollierte Demokratie". Nachdem der damalige Chefredakteur des Westdeutschen Rundfunks, Jörg Schönenborn, im Dezember 2012 die Beitragszahlungen des Publikums an die öffentlich-rechtlichen Rundfunkanstalten als „Demokratie-Abgabe" bezeichnet hat, wird nun allmählich deutlich, in welcher Form die Demokratie den Beitragszahlern zu vermitteln ist. Die ARD lenkt und kontrolliert die Demokratie.

Die neuen Erkenntnisse sind in einem Handbuch nachzulesen, dem Framing Manual, das die ARD ihren Mitarbeitern anempfiehlt, damit diese bei ihrer Tätigkeit dem Publikum begreifbar machen, warum „die ARD gut" ist. (Framing Manual ARD, S. 3). Das Handbuch hat die ARD bei Elisabeth Wehling in Auftrag gegeben, bei einer Autorin, deren Reputation noch näher zu betrachten sein wird. Seit etwa Mitte 2017 ist das Manual eine Handreichung für die Mitarbeiter der ARD. Bis zu Beginn des Jahres 2019 erfährt die Öffentlichkeit nichts von den im Handbuch niedergeschriebenen Empfehlungen, sie bleiben ARD-intern. Erst unabhängige Journalisten, genannt seien hier unter mehreren nur Roland Tichy oder Alexander Wendt, diese Journalisten bewirken mit Beiträgen in ihren Blogs oder Internet-Journalen, dass das ARD-Papier in den Blickpunkt einer interessierten Öffentlichkeit gelangt.

Es lohnt sich, das Handbuch näher zu betrachten, nicht weil es ein Dokument besonderer Geistesschärfe ist, sondern weil es im Gegenteil aufzeigt, wie erschreckend schlicht es um die intellektuellen Fähigkeiten verantwortlicher Führungskräfte in der ARD bestellt ist, die dieses Handbuch in Auftrag gegeben haben, es absegnen und verteilen lassen, damit das Publikum der ARD zielgerichtet auf Kurs gebracht wird. Die Lektüre des Handbuchs ist, dies sei vorweg genommen, eine Qual, denn auf 89 Seiten wird der Leser mit ungezählten Schlagwörtern malträtiert, die Wissenschaftlichkeit glauben machen sollen. Der Text birst beinahe vor „Narrativen", besonders „moralischen Narrativen", aber auch „impliziten Entscheidungsprozessen", „kognitionswissenschaftlicher Analysearbeit", „kognitiver Wirkkraft", „linguistischen Realisierungen", „konzeptuellen Metaphern" oder „Basic-Level-Begriffen". Diese geballte Wissenschaftlichkeit lässt schwindeln.

Die ARD erklärt den Mitarbeitern in ihrer Handreichung, wie die ARD-Journalisten das Publikum behandeln sollen. Dazu wird ausführlich ein Feindbild aufgebaut. Diejenigen, egal, ob es Medien, Politiker oder Zuschauer und Hörer sind, die der ARD kritisch gegenüber stehen, sind kurzerhand allesamt „Gegner". Bereits auf der dritten Seite des Handbuchs ist dreimal von den Gegnern der ARD die Rede, und insgesamt vierundzwanzig Mal erfährt der Leser, wie mit den Gegnern umzugehen ist, mit „moralischen Argumenten", „moralischen Prinzipien", „moralischer Perspektive" und „moralischen Frames". Fakten haben gegenüber „moralischen Prämissen" zurückzustehen, auf Fakten sind „moralische Filter" anzuwenden, „faktenbegründetes und rationales Denken gibt es nicht", also sind immer moralische Frames zu setzen. Es ist unglaublich, welche Dummheiten im Framing Manual verbreitet werden.

Das Motto „Jeder, wie er will" gelte nicht mehr, sondern der Leitfaden einer „Kontrollierten Demokratie" bilde den Rahmen für den Umgang mit dem Publikum (Framing Manual ARD, S. 85). Es geht dabei um die „Umsetzung der moralischen Framings", also darum, emotionalisierte Argumente, Frames, anstelle nüchterner Fakten vorzubringen. Um „maximale Framing-Effekte" hervorzurufen, ist es erforderlich, immer wieder „identische Wordings" oder „leicht unterschiedliche linguistische Realisierungen" zu benutzen, denn dies führe zu Vertrauen bei den Mitbürgern. Die Mitbürger „sehen, dass wieder und wieder in unterschiedlichen Zusammenhängen dieselben moralischen Prinzipien angesprochen werden und lernen, sich darauf zu verlassen, dass eben diese Prinzipien Geltung haben." (S. 81 f.) Ungeschminkt heißt es dann, sprachlich holperig, aber entlarvend: „Das so geschaffene Vertrauen und die so vermittelte Integrität führen zu einer generellen und langfristigen Aufwertung der und Anbindung an die Institution in den Köpfen der Menschen."

Aufschlussreich ist, wie mit Fakten in der ARD umzugehen ist: Faktische Informationen hätten keine Bedeutung, heißt es, „sie erhalten ihre Bedeutung erst dort, wo sie in moralische

Framings eingebettet sind." (S. 9) Für diejenigen, die es bisher nicht verstanden haben, wird es noch deutlicher: Fakten „werden in einer öffentlichen Auseinandersetzung erst zu guter Munition, wo ihre moralische Dringlichkeit kommuniziert wird. Das trifft für alle gesellschaftlich-politischen Themen zu." (S. 10) Kurz gesagt: Das Publikum soll nicht selbstständig denken, sondern systematisch eingelullt werden. Und: Steter Tropfen höhlt den Stein.

Wenn der ARD-Mitarbeiter Vorschläge zur „moralischen Dringlichkeit" erhält, sollte er die Frage stellen, aus welchen moralischen Grundlagen sich die Dringlichkeit ergibt. Hierzu bleiben die Ausführungen im Handbuch nicht einmal nur im Ungefähren, sondern sie sind geradezu peinlich, denn sie nennen läppisch und dürftig die „Werte der Eltern" und die „Werte der ARD". Es hätte der ARD gut angestanden, das moralische Fundament des öffentlich-rechtlichen Rundfunks näher zu erläutern, denn das Publikum wäre dann in die Lage versetzt worden, selbst zu beurteilen, ob die eigenen moralischen Maßstäbe mit denen der ARD kongruent sind.

Niemand in der ARD müsse vor dem Gebrauch des Framing zurückschrecken, auch wenn der „politische Gegner" argumentieren würde, die „neuen Narrative, Begriffe und Slogans" wären „als unehrlich, als dogmatisch, als manipulierend, als jemand, der Gehirnwäsche betreiben will", einzustufen. Die Gegner würden sich nur an den Begriffen reiben. Hier zeigt sich die Autorin Wehling von bester Aufrichtigkeit. Ja, alles in ihrem Handbuch ist als unehrlich, dogmatisch, manipulierend, Gehirnwäsche betreibend zu klassifizieren.

Dreistigkeit macht sich bezahlt. Die ARD sponsert eine
begnadete Selbstdarstellerin, die es versteht, aneinanderge-
reihte leere Worthülsen gefällig zu vermarkten.

Das Framing-Manual der ARD schmückt ein Logo des „Berkeley International Framing Institute", eine Institutsbezeichnung,
die geeignet ist, die Assoziation hervorzurufen, es handele sich
um ein Institut der Universität Berkeley in Kalifornien. Doch
weit gefehlt: Das „Institut" hat keine postalische Adresse, keine
Telefonnummer, kein Impressum und zeigt auf der Webseite lediglich eine Person, Elisabeth Wehling. Das Framing Manual der
ARD ist namentlich nicht gekennzeichnet, auf dem Umweg über
die Webseite des „Berkley International Framing Institute" lässt
sich das Framing Manual Elisabeth Wehling zuordnen, die aus
ihrer Autorenschaft im Verlauf der öffentlichen Kritik an ihrer
Arbeit später kein Hehl macht, denn sie schreibt auf ihrer persön-
lichen Webseite, die nicht mit der Webseite des sogenannten
Framing-Instituts identisch ist, eine „Klarstellung zur aktuellen
Debatte", die darauf hinweist, es handele sich bei dem Handbuch
um eine „interne Arbeits- und Diskussionsgrundlage." Auch die
persönliche Webseite von Elisabeth Wehling ist, abgesehen von
einer e-Mail-Adresse der Universität Berkeley, ohne Impressum
aber unübersehbar mit einem beeindruckenden Foto des Campus

der Universität von Kalifornien geschmückt, so dass der Betrachter Elisabeth Wehling und die Universität im selben Frame sehen kann. Auf dem Reporter-Workshop 2017 wird Elisabeth Wehling als „Kognitionswissenschaftlerin an der University of California, Berkeley" vorgestellt, die eine „weltweite Autorität auf dem Gebiet der kognitiven Verhaltensforschung" sei.[21] Sie habe „a wonderful time as a jury member of the German Journalistic Reporting Awards 2017 in Berlin" gehabt, schreibt Wehling auf ihrer Webseite.

Die Tatsache, dass das sogenannte Berkeley-Institut nichts mit der Universität von Kalifornien zu tun hat, bleibt bei der ARD offenbar unbemerkt, denn sonst hätte die ARD nicht akzeptieren dürfen, dass das Framing-Handbuch mit diesem zweifelhaften hochstaplerischen Namen geadelt wird. Oder aber: Es ist der ARD egal, dass die Seriosität auf der Strecke bleibt. Auch anderen Medien fällt das Augenscheinliche nicht auf, nicht die Schaumschlägerei mit dem Institutsnamen, nicht das fehlende Impressum auf der Webseite des „Instituts". Erst eine Woche nach Veröffentlichung des Handbuchs fragt erstmals eine Zeitung, der „Tagesspiegel", ob die „die Sprachwissenschaftlerin Wehling die ARD in die Irre" geführt habe, denn das Strategiepapier des „Berkeley International Framing Institute" habe nichts mit der US-Universität zu tun.[22] Sehr deutlich wird die „Bild"-Zeitung: Für das Framing-Handbuch und anschließende Workshops habe die ARD 120.000 Euro bezahlt, schreibt „Bild" und ergänzt, diese Auskunft erst nach mehrmaliger Anfrage erhalten zu haben. „Bild"-typisch hat die Zeitung das Framing Manual ungeschminkt so bezeichnet, wie sein Inhalt ist: „Umerziehungs-

Fibel", wobei nicht nur die ARD-Mitarbeiter umerzogen werden sollen, sondern auch gleich die gesamte Öffentlichkeit.[23]

Übrigens: „to frame someone" bedeutet umgangssprachlich, jemanden reinlegen. Fraglich ist hier nur, wer wen reingelegt hat, die ARD das Publikum oder Elisabeth Wehling die ARD.

Unabhängig von der Beantwortung der Frage, wer wen getäuscht hat, bleibt festzustellen, dass die ARD und Elisabeth Wehling auf einer Linie liegen. Ungezählt sind Wehlings Auftritte im öffentlich-rechtlichen Rundfunk, schnell geht der Überblick darüber verloren, in welchen Rundfunk- oder Fernsehsendungen sie unermüdlich und enervierend immer wieder die selben Worte und Beispiele für ihr Framing verbreitet. Jahrelang taucht sie in Talk-Shows oder in Magazin-Beiträgen der ARD und des ZDF auf, beispielsweise bei „Markus Lanz" (ZDF 25. Januar 2017), bei „Titel, Thesen, Temperamente" (ARD 5. Februar 2017), im „WDRforYOU" (WDR 11. Juli 2017), bei „Macht und Politik", (MDR 7. August 2017). Trotz der wiederholten gleichförmigen Auslassungen Wehlings kann der Zuschauer oder Hörer des öffentlich-rechtlichen Rundfunks nützliche Erkenntnisse aus den Sendungen mit der Framing-Expertin gewinnen, denn sie ermöglicht einen Einblick darin, wie manipuliert wird. Elisabeth Wehling erklärt in einem der Interviews, dass eine Argumentation mit Fakten wenig erfolgreich sei, sondern besser mit Werten argumentiert werde („Wer Politik und Politiker in Form von Werten begreifbar macht, erreicht die Leute. Wer nur faktisch argumentiert, eher nicht").[24] In einem anderen Interview zeigt sie die Praxis dieses Vorgehens auf, indem sie die AfD kurzerhand als „Neo-

Faschisten" klassifiziert und sich somit eine Argumentation mit Fakten erspart.[25] Die Wissenschaftlerin weiß auch, wie sie mit dieser Klassifizierung wirkt: „Sprache schafft Realitäten", sagt sie in einem Gespräch mit dem SWR2 zum Thema „Populismus und Sprache".[26]

Aufschlussreich ist, dass Wehling über das üppige Salär für ein Handbuch voller Worthülsen hinaus auch noch vom öffentlich-rechtlichen Rundfunk gesponsert wird, wie sie auf ihrer Webseite veröffentlicht.[27] Die ARD und der WDR gehören zu den Gönnern Wehlings. Auch weitere einschlägig ausgerichtete linksorientierte Institutionen, wie die Heinrich Böll Stiftung, die Friedrich Ebert Stiftung oder die Bertelsmann Stiftung unterstützen Wehling. Sie alle passen in den Frame derjenigen, die ihrem „erzieherischen Auftrag" nachkommen.

Der Radiohörer oder Fernsehzuschauer des öffentlich-rechtlichen Rundfunks muss sich darauf gefasst machen, dass er künftig stärker in den richtigen Rahmen eingepasst wird. Die „medienakademie" (mit kleinem Anfangsbuchstaben) der ARD und des ZDF bietet Seminare mit dem Thema „Frame-Checking und bewusster Umgang mit Sprache" an. Es sei „wichtig, dass Journalisten/-innen sich klarmachen, wer welche Frames benutzt und wie sie wirken, um besser einordnen und aufklären zu können", heißt es in der Ankündigung zum Seminar. Aufschlussreich ist die unverhohlene Zielsetzung, mit Framing die Welt sprachlich zu ordnen und das Publikum darüber aufzuklären, welcher Blick auf die Welt der richtige ist.

***

Die Vorsitzende der ARD, ehemals in der DDR den Revanchismus des Monopolkapitalismus der BRD entlarvend, wirkt darauf hin, in der ARD „moralische Frames" zu setzen. Fast niemand wundert sich.

Der Auftrag für das dubiose Handbuch der ARD wird im Jahr 2017 erteilt, wie sich die ARD-Generalsekretärin Susanne Pfab im Nachhinein beeilt zu erklären. Der Auftrag ist also zu einer Zeit erteilt worden, als die MDR-Intendantin Karola Wille turnusgemäß die ARD-Geschäfte geführt hat.[28] Somit bleibt der ehemalige Regierungssprecher der Bundeskanzlerin Angela Merkel, Ulrich Wilhelm, unbelastet. Wilhelm hat den Vorsitz der ARD erst seit 2018.

Die MDR-Intendantin Karola Wille wird sich von den jetzt in kritischen Medien erhobenen Vorwürfen, die ARD weise die Mitarbeiter an, die Öffentlichkeit mit Framing zu manipulieren, nicht beeindrucken lassen, denn sie hat trotz (oder wegen?) ihres Werdegangs in der DDR eine erstaunliche Karriere im öffentlich-rechtlichen Rundfunk gemacht und lässt somit eine gewisse Robustheit erkennen, die Vergangenheit zu verdrängen. Bereits zum

Zeitpunkt ihrer Wahl zur MDR-Intendantin im Jahr 2011 veröffentlicht die „Frankfurter Allgemeine Zeitung" Einzelheiten des Kampfes der Karola Wille gegen den Revanchismus in der Bundesrepublik Deutschland unter der hübschen Überschrift „Frau aus dem Osten mit Vergangenheit".[29] Zusammen mit Aribert Ondrusch hat Wille „zu aktuellen Fragen des Revanchismus in der BRD" geschrieben: „Im politischen und ideologischen Arsenal der aggressivsten und reaktionärsten Kräfte des Monopolkapitals nimmt der Revanchismus einen gewichtigen Platz ein. Er ist ein wesentlicher Faktor in der Strategie des Imperialismus, eine generelle Wende in der Entwicklung des internationalen Kräfteverhältnisses herbeizuführen. Seit dem Herbst 1982 wurde die Ideologie und Politik des Revanchismus durch die herrschenden Kräfte der BRD erheblich verstärkt. Das kommt u.a. darin zum Ausdruck, daß Revanchistenverbände in der BRD großzügig unterstützt werden."[30] Es handelt sich um ein grausiges Pamphlet in schauerlicher Sprache.

In einem Interview mit der „Süddeutschen Zeitung" im Dezember 2017 lässt Wille, die in ihrer Schrift die „reaktionären Kräfte des Monopolkapitalismus" entlarvt hat, jetzt die Leser wissen, dass die Menschen in der DDR 1989 auf die Straße gegangen seien, „damit man nicht mehr desinformiert und vormundschaftlich behandelt wird."[31] Dies erklärt eine Intendantin, die, wie sie sagt, „zum Revanchismus in der BRD Formulierungen gebraucht" habe, wie sie „damals in der DDR üblich und in Publikationen verlangt waren." Und ergänzend stellt sie fest, dass der öffentlich-rechtliche Rundfunk in Deutschland garantiere, dass dieses nicht wieder passieren werde. Noch einmal zur Erinnerung: Die Manipulations-Anweisung der ARD, genannt Framing Manual, wird zu einer Zeit in Auftrag gegeben, als Karola Wille Vorsitzende der ARD ist. Es ist ein Musterbeispiel für Desinformation und vormundschaftliche Behandlung.

Jenseits der skandalösen Entstehung der Manipulations-Broschüre ist zu fragen, wie es möglich ist, ein derartiges Machwerk im System ARD zu verbreiten, ohne dass Journalisten der öffentlich-rechtlichen Rundfunkanstalten sofort die Arbeitsanweisung zur Manipulation öffentlich gemacht hätten. Monatelang ist das Handbuch für Agitation und Propaganda der Öffentlichkeit verborgen geblieben. Offenbar haben die Journalisten der ARD das neue Werkzeug zur Beeinflussung des Publikums als nicht besonders bemerkenswert eingestuft, sondern in die Kiste des üblichen Arsenals eingeordnet und sich konform verhalten. Insofern erlauben die im „Framing"-Handbuch niedergelegten Grundsätze, wie Gegner mit moralischen „Frames" zu behandeln sind, einen Einblick in die innere Verfassung der ARD. Erschreckend ist dabei, welche Führungskräfte die ARD hat und dass von der Führung der ARD ein derart dürftiges Machwerk akzeptiert wird, das als Arbeitsgrundlage für einen Journalismus ebenso dürftiger Art dient. Anzunehmen und zu befürchten ist, dass die Indoktrination des Publikums ungehemmt weiter geht.

***

Die Medien sind dazu da, den Bürger zu erziehen, sagt eine NDR-Journalistin. Öffentlich. Es gibt keinen Widerspruch.

Diese Befürchtung ist nicht unbegründet, wie ein Interview im Fernsehen zeigt, in dem unverblümt der Erziehung des Publikums das Wort geredet wird.

Der öffentlich-rechtliche Rundfunk in Deutschland habe einen „Auftrag, nämlich die Demokratie mit zu bewahren" und die „Presse- und Medienlandschaft" sei dazu da, den Bürger zu „erziehen", erklärt Anja Reschke, Leiterin der Abteilung Innenpolitik beim Norddeutschen Rundfunk NDR, in einem Gespräch mit dem Journalisten Florian Inhauser in einer Fernsehsendung des SRF, des Schweizer Radio und Fernsehens. „Haltung zeigen!", mit Ausrufungszeichen, überschreibt der SRF dieses Interview vom 27. Dezember 2018, das den Bürgern die Erkenntnis vermittelt, die „Presse- und Medienlandschaft" habe einen „erzieherischen Auftrag". Offen bleibt die Frage, wer den Erziehungs-Auftrag erteilt hat.

Anja Reschke führt auch ein Interview - mit Elisabeth Wehling.

Die NDR-Sendung „ZAPP" am 5. Dezember 2018 nutzt Anja Reschke 45 Minuten lang dazu, Elisabeth Wehling die Gelegenheit zu geben, ihre Framing-Strategie in langen Monologen, wiederum gespickt mit Schlagworten, darzulegen. Von einer gewissen Chuzpe zeugt der Titel der Sendung „Journalismus - Mit Fakten gegen Lügen", denn Reschkes Ansicht des „erzieherischen Auftrags" des öffentlich-rechtlichen Rundfunks, die sie drei Wochen später im SRF öffentlich macht, bedeutet ja, dass Erziehung Vorrang vor Faktenvermittlung habe. Neu ist, dass Elisabeth Wehling in einer Fernsehsendung öffentlich unumwunden dazu rät, Diskurse „nicht immer nur aufzugreifen, sondern auch andere Fronten zu eröffnen." Übersetzt heißt dies, dass in den Fällen, in denen es mit dem Framing nicht so richtig klappt, einfach vom Thema abgelenkt und das Publikum auf eine andere Fährte gelockt wird. Es wird schon niemand merken.

Der NDR übt sich in Manipulation und veröffentlicht dazu ein Paradebeispiel. Niemand nimmt Anstoß. Es ist offensichtlich üblich, das Publikum zu lenken.

Ein Musterbeispiel dazu, wie von einem unangenehmen Thema abgelenkt wird, liefert der NDR in einer Pressemitteilung, die die „ZAPP"-Sendung ankündigt, gleich mit. Dort heißt es am Ende des Beitrags mit Bezug auf eine Journalistin der „Lausitzer Rundschau", sie wünsche sich, dass das „Asyl- und Flüchtlingsthema sich beruhigen würde - denn die Menschen betreffen andere Entwicklungen in der Region viel mehr, zum Beispiel der Braunkohleabbau."[32] In vierfacher Hinsicht (mindestens) ist dieser eine Satz der NDR-Pressemitteilung musterhaft, musterhaft im Sinne der Empfehlungen des Framing-Handbuchs.

Zum Einen verwendet der Autor der Pressemitteilung die Begriffe „Asyl" und „Flüchtling", die das Problem anhaltenden unkontrollierten Massenzustroms von Menschen in deutsche Sozialsysteme nicht benennen und zudem geeignet sind, Mitleid des Publikums mit „flüchtenden" Menschen hervorzurufen. Zum Zweiten lenkt der NDR vom Thema „Migranten" ab auf ein völlig anderes Gebiet, nämlich das Problem der Energieversorgung, indem er darauf hinweist, dass „Asyl" und „Flüchtlinge" keine Themen seien, die die Bürger in der Lausitz beunruhigten, sondern der Abbau der Braunkohle eine wichtige Angelegenheit sei. Zum Dritten wird einfach eine Behauptung darüber aufgestellt, welche Themen das Publikum als wichtiger gegenüber anderen Themen erachtet, ohne auch nur den Ansatz einer Begründung für diese Behauptung einer bestimmten Hierarchie von Problemen (Braunkohle ist wichtiger als Migranten) zu liefern. Und zum Vierten ist es sehr geschickt des NDR, nicht im eigenen Namen aufzutreten, sondern eine Journalistin aus der Lausitz in indirekter Rede zu zitieren, so dass immer die Möglichkeit besteht, wenn erforderlich, in Abrede zu stellen, dass diese bestimmte Sichtweise diejenige des öffentlich-rechtlichen Rundfunks sei.

Auch ein kurzer Blick auf eine Bemerkung in der Eingangssequenz zu der NDR-Pressemitteilung zur „ZAPP"-Sendung deckt auf, wie perfide der NDR arbeitet. Es heißt dort, die „großen Medien" (im Originaltext nicht mit Anführungszeichen versehen, um möglicherweise einen ironischen Unterton anzudeuten), die „großen Medien" also hätten vom UN-Migrationspakt kaum Notiz genommen, während sich im „im Netz lautstarker Widerstand" formiert habe. Dort werde „verzerrt, gelogen, gehetzt", und „auch die AfD" habe „in martialischen Bildern vor dem Untergang" gewarnt.

Hier erfährt das Publikum vom NDR, dass Bedenken gegen die Unterzeichnung des UN-Migrationspaktes mit den Prädikaten „verzerren", „lügen" und „hetzen" zu bewerten sind, ohne dass auch hier nur der Schimmer einer Begründung für diese Klassifizierung ersichtlich wäre. Wer zu den „großen Medien" gehört, bleibt offen, es dürften aber diejenigen sein, die nach Einordnung des NDR die „guten" Medien sind, die monatelang das Thema „weltweite Neuordnung der Migration" schlicht mit Schweigen übergangen haben. Wer zu den „schlechten" Medien gehört, erläutert der NDR ebenfalls nicht, aber die pauschale Bezeichnung „das Netz" genügt der Rundfunkanstalt vollkommen, um alle diejenigen über einen Leisten zu schlagen, die nicht im Sinne des NDR handeln.

Es ist beinahe müßig, auch noch den weiteren Tiefschlag des NDR zu kommentieren, indem in der NDR-Pressemitteilung die AfD unmittelbar und übergangslos nach den Bezeichnungen „verzerrt, gelogen, gehetzt" genannt wird („auch die AfD"), so dass der Leser lernt, auch die AfD verzerrt, lügt und hetzt. Offensichtlich jedoch ist: Der NDR verzerrt, lügt und hetzt, wie die Pressemitteilung zur „ZAPP"-Sendung das Fehlverhalten dokumentiert. Vielleicht jedoch bemerken einige Redakteure des öffentlich-rechtlichen Rundfunks nicht einmal mehr, dass sie sich vor einen Karren haben spannen lassen, der nach links abgebogen ist. Oder sie lenken selber nach links. Und das Publikum merkt nicht, dass es indoktriniert wird.

In diesem Kapitel habe ich versucht darzustellen, wie im Hintergrund des öffentlich-rechtlichen Rundfunks, für Außenstehende nur unter Schwierigkeiten erkennbar, die Demokratie „kontrolliert" wird. Ebenfalls, auch dies ist nur mit besonderer Aufmerksamkeit erfahrbar, arbeiten Nachrichtenagenturen in der Kulisse daran, die Gesellschaft zu beeinflussen. Ihr Wirken beleuchte ich im nächsten Kapitel.

4. Die Nachrichtenagenturen

„Das Institut Freedom of Information an der Universität von Missouri hat kürzlich in einem Bericht die Länder der Welt nach dem Grad der in ihnen herrschenden Pressefreiheit aufgeteilt, wobei die Bundesrepublik in der Liste derjenigen Länder, in denen ein Höchstmaß an Pressefreiheit herrscht, nicht aufgeführt ist."[33] Es steht also nicht gut um die Pressefreiheit in der Bundesrepublik. Zu den 23 Kriterien, die die Pressefreiheit einschränken, gehören Pressekontrollen, staatliche Pressepolitik, staatlicher Besitz an Informationsmitteln und Besitzkonzentration. Der Zeitungsbericht von Manfred Steffens mit dem Zitat über die eingeschränkte Pressefreiheit in Deutschland ist schon älter, er ist im September 1969 in der „Zeit" erschienen. Seitdem ist es deutlich weiter bergab gegangen.

Der Autor sieht im Jahr 1969 die Pressefreiheit unter anderem dadurch gefährdet, dass es eine „Reihe presse-externer Einflüsse" gebe, die die Entscheidungen von Verlegern und Nachrichten-agenturen darüber, wie über Ereignisse berichtet wird, subjektiv färben. Als Gegenpart zur Dominanz von Verlegern und Nach-richtenagenturen könnten die Journalisten fungieren, die „in ihrer Zusammensetzung das Bild der Gesellschaft getreulicher wider-spiegeln" und als Sachverständige eher in der Lage seien, Mani-pulationen zu durchschauen.

Wie wir damals schon haben wissen können und heute sicher wissen, ist diese Kontrollfunktion der Journalisten bestenfalls eine Illusion, die allerdings selber nicht frei von Manipulation ist oder auch nur Wunschdenken wiedergibt. Denn schon vor fünfzig Jahren haben diejenigen, die es haben wissen wollen, erkennen können, dass Journalisten von ihren Verlegern wirtschaftlich ab-hängig sind und somit als Kontrollinstanz ausfallen. Heute ist diese Abhängigkeit lediglich deutlicher zutage getreten. Eine wie auch immer aufgestellte Kontrollinstanz hat keinen Platz in der Nachrichtenwelt, in der Verleger und Nachrichtenagenturen unter sich bleiben.

***

Wenige Nachrichtenagenturen beherrschen den deutschen Markt. Zu nennen sind hier zuerst die Marktführerin dpa Deutsche Presse Agentur GmbH und die AFP Deutschland, eine Tochtergesellschaft der französischen Nachrichtenagentur AFP, die unter staatlichem Einfluss steht. Ein gewisser Wettbewerb besteht zwischen den Nachrichtenagenturen in einem engen Markt, in dem Fusionen und Übernahmen keine Seltenheit sind.

Die Nachrichtenagenturen sind abseits der öffentlichen Wahrnehmung tätig. Ihr Einfluss ist jedoch immens, denn sie versorgen so gut wie alle Medien mit Informationen und, wie noch zu zeigen sein wird, mit Meinungen. Auch mit Lücken in den Informationen können die Nachrichtenagenturen die Meinung beeinflussen, indem sie die ihrer Meinungsrichtung zugegen laufenden Ereignisse verschweigen, aber dafür andere Vorkommnisse, die ihrer politischen Ausrichtung entsprechen, in den Vordergrund stellen.

Wenig erstaunlich ist, dass die Nachrichtenagenturen trotz ihrer Bedeutung für die Medien kaum Beachtung erfahren, denn ihr Wirken bleibt für die breite Öffentlichkeit weitgehend verborgen. Allenfalls sieht der aufmerksame Zeitungsleser gelegentlich an den Kürzeln der Agenturen unter einem Bericht, dass der Zeitungsartikel von einer Nachrichtenagentur stammt. Allerdings fehlt in manchen Fällen eine Quellenangabe, obwohl sie bei einem transparenten Journalismus selbstverständlich wäre. Wenn Kürzel die Urheber der Berichte dokumentieren, dann weisen die Buchstaben dpa oder AFP darauf hin, dass die Information aus fremder Feder übernommen worden sind. Beliebt ist die Methode, das eigne Zeitungskürzel mit denen der Nachrichtenagenturen zu verbinden, was darauf hinweist, dass die Agenturbeiträge mit eigenen Formulierungen angereichert worden sind, aber keineswegs eine eigene Redaktionsleistung darstellen müssen.

Live-Berichte dramatischer Ereignisse sendet das Fernsehen regelmäßig aus sicherer Entfernung vom Ort des Geschehens. Der Wahrheitsgehalt solcher Reportagen ist fragwürdig, weil Informationen interessengesteuert vermittelt werden.

Aufmerksamen Fernsehzuschauern wird nicht verborgen bleiben, dass aktuelle Fernsehberichte, vor allem dann, wenn sie aus dem Ausland kommen, häufig nicht von Reportern der Fernsehanstalten vor Ort stammen, sondern Angebote von Nachrichtenagenturen sind. So berichtet beispielsweise ein Auslandskorrespondent der „Tagesschau" „live" in die Fernsehkamera über die Kämpfe zwischen Regierungstruppen und sogenannten Rebellen in Syrien. Allerdings kommt sein „Vor-Ort-Bericht" aus einem anderen Erdteil, dem sicheren Kairo, eintausend Kilometer vom Geschehen entfernt. Er könnte seinen Kommentar ebenso gut aus dem „ARD-Aktuell"-Studio in Hamburg übermitteln, denn seine

Informationen wären keine anderen, weil Nachrichtenagenturen das Bild- und Textmaterial liefern.

Der ARD-Korrespondent in Kairo, Volker Schwenck, dessen Berichterstattung ich hier als Beispiel gewählt habe, weist darauf hin, dass „wir", wer auch immer das sein mag, dass „wir" einige Menschen in Syrien kennen, „denen wir vertrauen." Der ARD-Korrespondent erhält darüber hinaus seine Informationen auch von der Syrischen Beobachtungsstelle für Menschenrechte, die er als „absolut brauchbar" für die Berichterstattung aus dem fernen Land charakterisiert.[34] Diese Einschätzung dürfte jedoch sehr fragwürdig sein, und es wäre einem kritischen Korrespondenten angemessen, die Rolle der Syrischen Beobachtungsstelle zu hinterfragen. Ich werde im Zusammenhang mit der gleichgerichteten Berichterstattung der Nachrichtenagenturen weiter unten diese Kritik anstelle des ARD-Korrespondenten übernehmen.

Wie Verleger der Medien und die größte deutsche Nachrichtenagentur dpa zusammenarbeiten, soll ein kurzer Überblick über die Struktur der dpa zeigen, die sich selber als „Nachrichtenagentur der deutschen Medien" bezeichnet. Die dpa sieht sich „der Wahrheit und den Fakten verpflichtet, aber keiner politischen Richtung, keiner Religion oder Kultur, keiner Partei, keinem Unternehmen und keiner anderen Gruppe."[35] Probleme kann es geben, wenn die Journalisten „Geschichten erzählen" und „die Schlüsse dem Leser überlassen", wie es die dpa selbst darstellt, denn es ist zweifelhaft, wie die Geschichtenerzähler die Klippe umschiffen wollen, zu vermeiden, in die Geschichten ihre eigene Wahrheit, ihre Parteipräferenz, ihre Religion, ihre Kultur einfließen zu lassen. Die dpa propagiert den aseptischen Journalisten, den es nicht geben kann. Insofern sind alle Informationen der dpa und der anderen Nachrichtenagenturen mit gleicher Vorsicht zu lesen, wie auch die Information aller Medien mit Vorsicht aufgenommen werden sollten.

Zeitungs- und Zeitschriftenverlage, Verleger und Rundfunkanstalten, bilden die 182 Gesellschafter der als GmbH gesellschaftsrechtlich organisierten Gemeinschaft, die sich der „Pflege der objektiven Nachricht" widmet, wie die dpa ihrem Fernschreiben zur Gründung der Gesellschaft am 1. September 1949 mitteilt. Die Behauptung der dpa, von keinem Unternehmen und keiner Gruppe abhängig zu sein, gilt zumindest für diese Gesellschafter nur eingeschränkt.

Die Umsatzerlöse der Nachrichtenagentur liegen bei 94 Mio. Euro (2016) mit sinkendem Anteil der Umsätze im größten Marktsegment, der Belieferung der Tages- und Sonntagszeitungen, da die verkaufte Auflage dieser Zeitungen gegenüber dem Vorjahr um 7 Prozent zurückgegangen ist. Die dpa erwartet für die Zukunft, dass das Hauptgeschäft wegen sinkender Auflagen der Zeitungen weiter an Bedeutung verlieren wird, heißt es im dpa-Geschäftsbericht für das Jahr 2016. Diese Annahme findet ihre Begründung darin, dass sich die Bezugspreise für Nachrichten von dpa nach der Auflagenhöhe der Zeitungen richten.

Nachrichtenagenturen sorgen dafür, dass die Medien im Gleichschritt bleiben. Übereinstimmend verkünden die Medien in einheitlicher Wortwahl Donald Trumps „Kampfansage" beim seinem Amtsantritt als US-Präsident.

Die Einflussnahme der Nachrichtenagenturen auf die Inhalte der Medien ist kaum zu überschätzen. Ein Beispiel, das den einheitlichen Tenor der Medien demonstriert, besser gesagt, ihre Berichterstattung im Gleichschritt belegt, ist die Wertung der Antrittsrede des US-amerikanischen Präsidenten Donald Trump im Januar 2017. Die Rede des Präsidenten sei eine „Kampfansage", haben zahlreiche Medien übereinstimmend festgestellt.

Im „Handelsblatt" schreibt Gabor Steingart unter der Überschrift „Die Dämonen sind los": „Donald Trump lieferte keine präsidiale Rede, sondern eine Kampfansage. Übellaunig im Ton. Eisenhart in der Sache. Die Trump-Agenda klingt nach Bürgerkrieg" (21.Januar 2017). In der „Frankfurter Allgemeinen Zeitung" erkennt Klaus-Dieter Frankenberger, der Amtsantritt sei „Eine Kampfansage ohne Vorbild" (20. Januar 2017). Für die „Westdeutsche Zeitung" schreibt Annette Ludwig: „Antrittsrede von Trump: Kampfansage mit gereckter Faust" (20. Januar 2017). Und zahlreiche weitere „Kampfansagen" sind dokumentiert: „taz" - „Es war keine Einigungsansprache, sondern eine Kampfansage" (20. Januar 2017), „Welt" - „Kampfansage des Volkstribunen" (21. Januar 2017) oder „Deutschlandfunk Kultur" - „Kampfansage pur" (21. Januar 2017).

Eine unüberschaubare Zahl der Medien verwendet diesen identischen Text: „In seiner Antrittsrede am Freitag versprach der 70-Jährige einschneidende Veränderungen und sagte dem politischen „Establishment" den Kampf an." Hier seien nur einige Zeitungen genannt, wie „Welt", „Hamburger Abendblatt", „Bild", „Zeit", Frankfurter Rundschau", „Berliner Zeitung", „Abendzeitung", „Focus" oder „Nordwest Zeitung". Diese Medien ersparen sich den eigenen Redakteur und über nehmen eins zu eins den Text einer Nachrichtenagentur.

Zwar verkünden alle Nachrichtenagenturen das hehre Ziel, eine objektive und richtige Darstellung aktueller Ereignisse abzuliefern, in der Realität jedoch wird dieses Ziel verfehlt, weil immer wertende Einflüsse auf die Nachrichtengestaltung einwirken. In dem gewählten Beispiel des Textes über die Einführungsrede Donald Trumps liegt die Wertung bereits darin, dass angeblich dem Establishment der Kampf angesagt wird. Eine derartige martialische Formulierung bewertet die gesamte Rede des US-Präsidenten in bestimmter Weise, nämlich als feindselige Ankündigung über eine zu erwartende Schlacht, die bei Gabor Steingart sogar zum Bürgerkrieg zu eskalieren droht. Dass diese Wortwahl von den sie verbreitenden Medien goutiert wird, sei hier nur am Rande vermerkt. Die uniforme Einschätzung hiesiger Medien des US-Präsidenten behandele ich in dem gesonderten Kapitel „Kampagnenjournalismus" dieses Buches, in dem auch inhaltliche Aspekte zu analysieren sein werden.

In der gesamten Rede des US-Präsidenten, das sei an dieser Stelle bereits vermerkt, kann ich keinen einzigen Anhaltspunkt für eine Kampfansage erkennen, denn der Präsident kündigt an, ein Staat habe seinen Bürgern zu dienen, die USA wollen Freundschaft mit allen Nationen und Rassismus gehöre nicht zu dem Land.[36]

***

Drei weitere Beispiele für den Gleichklang der Medien möchte ich hier ebenfalls erwähnen, um die Machart der einheitlichen Meinungsvermittlung weiter zu verdeutlichen.

Erstes Beispiel.

Zum Zeitpunkt des Höhepunktes der „Flüchtlingskrise" Ende des Jahres 2015, die keine Krise von Flüchtlingen ist, sondern manifestes Staatsversagen, können die Leser ungezählter Medien erleichtert erfahren: „Die Bundeskanzlerin hat die Lage im Griff". Dies melden am 13. November 2015 wortgleich der „Spiegel", die „Welt", die „FAZ", die „Süddeutsche Zeitung", die „Zeit", die „Tagesschau," die „Neue Osnabrücker Zeitung" und viele weitere Medien. Sicher ist, dass weder die Bundeskanzlerin, noch sonst wer, die Lage im Griff hat. Die Medien verabreichen in übereinstimmender Therapie bereitwillig ein von einer Nachrichtenagentur angerührtes Sedativum in hoher Dosis, das für einige Zeit wirken wird. Die Leser und Zuschauer dieser Medien können beruhigt ihrem Tagewerk nachgehen. Beängstigend ist, dass sie es auch tatsächlich tun.

Zweites Beispiel.

Der Entscheid der SPD-Mitglieder am 4. März 2018 über die Bildung einer großen Koalition mit der CDU/CSU im Deutschen Bundestag wird übereinstimmend von etwa 200 Medien mit den Worten gemeldet: „SPD zählt Stimmen des GroKo-Abstimmung aus", mit dem Schreibfehler „des" statt „der". Kaum eine der führenden Zeitungen oder Fernsehanstalten fehlt in der Liste derjenigen, die den fehlerhaften Text der dpa verbreiten. Die Online-Ausgaben der „Zeit", der „FAZ", der „Augsburger Allgemeinen", oder des „Tagesspiegel" gehören zu den Medien, die den Nachrichtentext der dpa unbearbeitet übernehmen, andere korrigieren jedenfalls den Schreibfehler, kopieren aber den Text des dpa-Berichts („Um kurz vor 17 Uhr traf der Post-Lastwagen mit den Abstimmungsbriefen in der SPD-Zentrale ein ..."). Aus „Um kurz vor 17 Uhr" wird dann bei einigen Medien als Ergebnis redaktioneller Arbeit auch mal ein „Gegen 17 Uhr" („Frankenpost", „t-online", „Esslinger Zeitung") oder ein exaktes „Um 17 Uhr" („Tagesschau"). Die redaktionelle Eigenleistung bleibt sehr überschaubar.

Drittes Beispiel, das allerdings für Außenstehende verwirrend ist.

Die Londoner Syrische Beobachtungsstelle für Menschenrechte hat ihren Sitz, nein nicht in London, wie der Name vermuten lässt, sondern in Coventry. Vielleicht ist aber weder Coventry noch London Sitz der Beobachtungsstelle, vielleicht gibt es eine Beobachtungsstelle, vielleicht auch zwei. Vielleicht sind mehrere Personen für die Beobachtungsstelle tätig. Vielleicht ist es auch nur eine.

Die mediale Bedeutung der einen oder der beiden Beobachtungsstellen ist groß. Sie wirken wie Nachrichtenagenturen, denn viele Berichte über das Bürgerkriegsland Syrien haben ihren Ursprung in Mitteilungen der Beobachtungsstelle(n). Der österreichische „Standard" schreibt über die Tätigkeit einer Beobachtungsstelle: „Rami Abdulrahman: Ein Mann und seine Beobachtungsstelle", den Artikel mit einem Foto illustrierend, das Rami Abdurrahman zeigt (mit Doppel „r", wie es auf der Webseite einer der Beobachtungsstellen steht, mehrere Schreibweisen sind dokumentiert). Er steht in seinem Wohnzimmer vor einem Fernseher mit laufendem, vermutlich arabischem Programm, er hat ein Telefon am Ohr.[37] Die Nachrichtenagentur Reuters schreibt, sie habe den 40-jährigen Direktor des Syrian Observatory Rami Abdulrahman, in seiner kleinen Wohnung in Coventry besucht, die einige Minuten von seinem Geschäft für Bekleidung entfernt liege. Der Direktor sei daran interessiert, Transparenz in die Informationen über Syrien zu bringen.[38]

Die Syrische Beobachtungsstelle für Menschenrechte, das Syrian Observatory for Human Rights (SOHR), hat nach eigenen Angaben den Sitz in London, vielleicht aber auch in Coventry, wie es Reuters festgestellt hat, für einige Zeit gibt es zwei SOHRs mit verschiedenen Webseiten (syriahr.com und syriahr.org), die unterschiedliche Informationen verbreiten. Eine SOHR-Webseite behauptet, es gäbe keine Person namens Rami Abdul Rahman und der Name des Mannes aus Coventry sei Osama Suleiman.

Eine Propagandastelle liefert „absolut brauchbare Informationen", befindet ein ARD-Korrespondent und offenbart damit (im guten Sinn) seine Arglosigkeit oder (im schlechten Sinn) seine Prinzipienlosigkeit.

Es führt zu weit, den angedeuteten Verwirrungen im Rahmen dieses Buches näher nachzugehen. Eines aber ist nach diesem kurzen Einblick in das Durcheinander der einen oder mehreren SOHRs offenbar: Es handelt sich um ein Propaganda-Vehikel, das für eine bestimmte Agenda eingesetzt wird. Eine kurze Recherche der Medien über die Seriosität der Beobachtungsstelle(n) hätte dazu führen müssen, die Validität der verbreiteten Informationen in Frage zu stellen und darauf zu verzichten, interessengesteuerte Propaganda zu verbreiten. Das ist jedoch nicht der Fall, wie das oben erläuterte Beispiel des ARD-Korrespondenten Volker Schwenck in Kairo zeigt, der befindet, die Syrische Beobachtungsstelle für Menschenrechte liefere „absolut brauchbare Informationen". Und die Ergebnisse kann das Publikum dann in der „Tagesschau" sehen, ohne dass die zweifelhafte Nachrichtenquelle in Frage gestellt würde.

Der MDR erklärt auf seiner Webseite treuherzig, der nun als Osama Suleiman bezeichnete Exil-Syrer habe beteuert, die von ihm vermittelten Informationen seien verlässlich. Auch hätten „Syrien-Experten", wer auch immer dazu gehören mag, dass also diese „Experten" übereinstimmend das SOHR-Portal glaubwürdiger als das syrische Staatsfernsehen oder die Propaganda der Terrormiliz IS einschätzt. Und bleibendem Zweifel an der Glaubwürdigkeit des SOHR wird damit entgegengewirkt, dass Amnesty International die SOHR-Berichte ebenfalls zur Dokumentation von Menschenrechtsverletzungen nutze.[39] Hier versteckt sich der MDR hinter einer Institution, Amnesty International, die als Lobbyverband selber interessengesteuert ist.

Damit wird die Verwirrung komplett.

Auch Nachrichtenagenturen verbreiten wegen allgemein fehlender unabhängiger und überprüfbarer Quellen in Syrien die Informationen des SOHR, so dass auf diesem Umweg dann „seriöse" Informationen entstehen. Besonders unübersichtlich wird es dann, wenn die Nachrichtenagenturen sich auf Amnesty International berufen, also auch auf Informationen, die Amnesty International von der SOHR übernommen hat, und die Nachrichtenagenturen diese dann weitergeben. Die Urheberquelle bleibt dann verborgen. Das Ganze lässt sich verständlicher mit der Bezeichnung „Stille Post" charakterisieren.

Am Ende können die Medien, die den Zuschauer oder Leser beliefern, sich darauf berufen, Informationen einer respektierten Nachrichtenagentur zu verbreiten, ohne dass es als notwendig zu erachten wäre, den Wahrheitsgehalt der Information oder die Intentionen der Informanten der Nachrichtenagenturen zu hinterfragen. Eine eigene Recherche vor Ort kann unterbleiben.

***

Ebenso unübersichtlich wie die dargestellte Verflechtung der Weitergabe von nicht überprüfbaren Meldungen ist die Übernahme von Informationen anderer Medien, denn auch bei dieser „Berichterstattung" bleibt die Quelle gelegentlich im Verborgenen.

Rezipieren nennt sich euphemistisch die Fertigkeit, von anderen abzuschreiben. Manche Medien zeigen sich routiniert und bedenkenlos beim Spicken.

Die investigative Webseite Swiss Propaganda Research beleuchtet unter der Überschrift „Der Propaganda-Multiplikator" ein krasses Beispiel der kritiklosen Übernahme einer dubiosen Meldung europäischer Nachrichtenagenturen.[40] „Vier russische Marschflugkörper im Iran eingeschlagen" schreibt der Schweizer „Tagesanzeiger" in der Überschrift eines Artikels am 9. Oktober 2015. Ob die Meldung den Tatsachen entspricht, ist mehr als zweifelhaft, denn einschränkend heißt es in dem Artikel: „verlautet aus US-Verteidigungskreisen." „Zwei Gewährsleute im Pentagon" hätten angegeben, es sei nicht bekannt, wo die Flugkörper im Iran eingeschlagen seien. Belege für den Bericht gibt es nicht, bis auf die Angaben der dubiosen „Gewährsleute" aus „Militärkreisen".

Dieser Artikel erinnert sehr an die am Anfang dieses Buches vorgestellten „Straßenkämpfe in Kalkutta" mit vierzehn Toten, die Erich Kästner im Roman „Fabian" erfunden hat, damit leere Zeilen auf der Zeitungsseite vermieden werden. Im Gegensatz zu „Fabian" sterben in der Meldung des „Tagesanzeiger" jedoch keine Menschen, denn es sei nicht bekannt, ob es Tote gegeben habe.

Die „Frankfurter Allgemeine Zeitung" verbreitet die zweifelhafte Meldung ebenfalls, mit der Änderung, dass aus Marschflugkörpern Raketen werden und die Raketen lediglich „offenbar" eingeschlagen sind. Die „Welt" veröffentlicht einen gleichlautenden Artikel, der „Spiegel" liefert einen kürzeren Text als die anderen Medien, dekoriert den Beitrag jedoch mit dem Foto eines bedrohlich aussehenden russischen Kriegsschiffes. Noch drastischer sieht das Foto im „Focus" aus, auf dem sogar drei russische Kriegsschiffe auf den Betrachter zufahren. Der „Focus" ist sich seiner Sache sicher: „Vier russische Marschflugkörper im Iran eingeschlagen." Andere Zeitungen, wie die „Stuttgarter Nachrichten" oder „Die Presse", übernehmen die undurchsichtige Meldung der Nachrichtenagentur AP ebenfalls.

Eine messbare Wirkung erzielen diese Artikel nicht, denn es werden keine Leserbriefe zu den Artikeln veröffentlicht. Der Effekt dürfte demjenigen der Meldung über die „Straßenkämpfe in Kalkutta" entsprechen: Im Einerlei der täglichen Informationen geht auch diese unter. Lediglich im Unterbewusstsein mancher Leser wird vermerkt werden, dass die Russen wieder einmal übel gehandelt haben. Und damit ist die Veröffentlichung im Sinne der Intentionen der amerikanischen Nachrichtenagentur erfolgreich gewesen. Die hiesigen Medien aber haben sich zum Büttel fremder Interessen machen lassen.

***

Neben der Übernahme von Meldungen von Nachrichtenagenturen gehört das Kopieren von Artikeln renommierter Zeitungen und des Fernsehens zum Handwerkszeug der Branche. Lediglich ein Zusatz über die Quelle, von der abgeschrieben worden ist, weist darauf hin, dass die redaktionelle Eigenleistung in den Fällen bescheiden ist. „Wie die New York Times berichtet ...", heißt es dann.

So vermerkt die „Tagesschau" am 30. November 2017 auf ihrer Webseite, US-Außenminister Rex Tillerson solle offenbar abgelöst werden, „berichtet die New York Times", und entbindet die „Tagesschau"-Redaktion damit von der Mühsal eigener Recherchen.[41] Die „Welt" schreibt mit identischer Meldung aus der selben Quelle ab. „Bild" meldet am 26. Januar 2018, US-Präsident Trump wolle den Sonderermittler zur „Russland-Affäre", Robert Mueller, entlassen, „berichtete die New York Times"[42], und vom „Tagesspiegel" erfahren die Leser am 17. Dezember 2017, dass das US-Verteidigungsministerium nach Ufos suchen lässt, „schreibt die New York Times".[43]

Der US-Wahlkampf aus dem Jahr 2016 ist auch im Oktober 2017 noch nicht ausgestanden, denn das „Handelsblatt" munkelt am 9. Oktober 2017, Google habe Hinweise, dass Wahlkampfanzeigen aus Russland geschaltet worden seien, „berichtet die Washington Post".[44] Und der NDR Info weiß am 15. Juni 2017, Trump gerate persönlich ins Visier der Justiz, „wie die Washington Post" berichtet.[45] Und wenn der US-Präsident am Ende nicht persönlich ins Visier der Justiz geraten sollte, kann sich die NDR Info-Redaktion hinter der „Washington Post" verstecken.

Übrigens, am Rande: Die Urkunde zur Ernennung Robert S. Muellers III zum Sonderermittler (Office of the Deputy Attorney General - Order No. 3915-2017) hat den Titel „Appointment of special counsel to investigate russian interference with the 2016 Presidential election and related matters". Mueller hat also den Auftrag herauszufinden, ob es eine russische Einflussnahme gegeben habe. Die deutschen Medien aber wissen schon im Vorhinein, es handele sich um eine „Russland-Affäre".

Leider hat der Sonderermittler Mueller ihnen nicht den Gefallen getan und Beweise für den „heißen Draht nach Moskau" gefunden (tagesschau.de, 18. Mai 2017), sondern der amerikanische Justizminister William Barr hat in einer Zusammenfassung des Mueller-Berichts erklärt, es gäbe keine Hinweise auf eine Komplizenschaft des Präsidenten oder von Mitgliedern seines Wahlkampfstabes mit Russland.[46] Stefan Kornelius äußert in der „Süddeutschen Zeitung" sein Bedauern über diesen Freispruch, denn, wenn Trump persönlich von dem Sonderermittler Mueller zu einer Aussage unter Eid vorgeladen worden wäre, hätte er, Trump, der „notorische Lügner", sich mit hoher Wahrscheinlichkeit zu einer Falschaussage unter Eid verstiegen. Diese Meineidsaussage wäre „kinderleicht zu konstruieren gewesen."[47] Noch einmal: Der Journalist der Qualitätszeitung bedauert, dass keine Meineidsaussage „konstruiert" worden ist. Der Schuldige Trump steht fest, es muss also nur noch nach einer Straftat gesucht werden, sei sie auch konstruiert.

Nach dieser Randnotiz führt uns der Weg zurück zur festgestellten Neigung der Medien, von einander abzuschreiben. Der Hang zum Spicken ist verständlich.

Die aufgezeigten wenigen Beispiele verdeutlichen, dass Redaktionen sich die Arbeit erleichtern, indem sie aus fremden Artikeln ausführlich zitieren oder aber Agenturmeldungen übernehmen. Es geht dabei jedoch nicht nur um die Arbeitserleichterung, sondern auch darum, keine Risiken mit eigener Recherche einzugehen, denn, wenn eine renommierte Zeitung zitiert wird, kann sich die heimische Redaktion im Falle von Falschmeldungen damit exkulpieren, sie habe ja nur Inhalte anerkannter Medien wiedergegeben. Im Geleitzug mit achtbaren Medien, deren Inhalte übernommen werden, besteht zudem kein Risiko, von der vorherrschenden Sichtweise abzuweichen.

***

Medienhäuser schließen sich zusammen und bilden ein „Fundament für die pluralistische Demokratie", sagen sie. Man kann es auch „Heuchelei" nennen.

Aus der engen Zusammenarbeit mehrerer Medienhäuser wird kein Geheimnis gemacht. Offen wird verkündet, dass der Zusammenschluss von fünf großen deutschen Medienkonzernen zur „Agenda für True Media" seit dem 20. November 2018 das „publizistische Fundament für die pluralistische Demokratie geworden ist." Zum „Fundament für die pluralistische Demokratie" gehören die Axel Springer SE, die Bauer Media Group, die Funke Mediengruppe, Gruner + Jahr sowie die Hubert Burda Media. Der Burda-Vorstand Philipp Welte verkündet forsch, der Zusammenschluss sei „der wertegebundene Gegenentwurf zu der nicht enden wollenden Flut an manipulativem Content."[48] „Wir investieren in die Wahrheit", heißt es in der Agenda der „True Media", und weiterhin, da wird dann ungeschönt gesagt, worum es wirklich geht, „wir machen Marken begehrenswert", indem eine

„nachhaltige Kommunikation in gedruckten Zeitschriften und Zeitungen sich auszahlt." Die nachhaltige Kommunikation soll sich für die Verlage auszahlen, darf wohl ergänzt werden. Für das Publikum nämlich wird sie sich nicht auszahlen, weil ein großer Einheitsbrei angerührt wird.

Die Verlagshäuser, die sich den Ehrentitel „True Media" selbst verliehen haben, ohne augenzwinkernd auf die Ironie dieser Auszeichnung hinzuweisen, diese Verlagshäuser veröffentlichen Wahrheitsmedien wie die „Neue Post", „Das Neue Blatt", die „Frau aktuell", „Das Goldene Blatt", das „Bild der Frau", die „Neue Welt" oder das „Echo der Frau", die allesamt der Gattung Klatschpresse zuzuordnen sind und nicht durch Faktentreue auffallen.

Der Medienjournalist Stefan Niggemeier hat bei einigen Verlagshäusern nachgefragt, ob die Medien für diese Blätter die „Wahrheit, auch die unbequeme, von der Falschinformation" separieren.[49] Die wortgleiche Antwort der Verlagshäuser lautet: „Unsere Thesen zu True Media gelten für das gesamte Spektrum unseres journalistischen Angebots. Ob investigative Recherche oder Unterhaltung." Vermutlich wissen die Verantwortlichen in den betroffenen Verlagen, oder zumindest werden sie es ahnen, dass Stefan Niggemeier (und auch die Leser seines Blogs Übermedien) dies nicht für bare Münze nehmen, jedenfalls dann nicht, wenn sie einen Blick in die teilweise erschreckend dummen Machwerke dieser Verlage geworfen haben. Stefan Niggemeier zieht daher das naheliegende Fazit: „Die „True Media"-Aktion ist reine Heuchelei."

Die Verlage Madsack und DuMont schließen sich 2018 zu einer Partnerschaft mit dem Ziel einer gemeinsamen Hauptstadtredaktion in der RND Berlin GmbH zusammen, in der das zur Mediengruppe Madsack gehörende Redaktions Netzwerk Deutschland GmbH (RND) mit 75 Prozent und DuMont mit 25 Prozent beteiligt sind.[50] Zur Madsack-Gruppe gehören 15 Tageszeitungen, beispielsweise die „Lübecker Nachrichten", die „Dresdner Neuesten Nachrichten" oder die „Hannoversche Allgemeine Zeitung", das RDN beliefert in Deutschland mehr als 50 Tageszeitungen mit einer Gesamtauflage von 2,3 Millionen Exemplaren.

Das RND Berlin „garantiert exzellenten Hauptstadtjournalismus", indem es „berichtet, erklärt und kommentiert", verkündet Madsack am 6. Dezember 2018. Das Madsack-Redaktionsnetzwerk Deutschland liefert bereits seit 2013 überregionale Inhalte für mehrere Dutzend regionale Tageszeitungen, natürlich „Qualitätsjournalismus", wie die Selbsteinschätzung des RDN verkündet, „Qualitätsjournalismus" mit einer „ressourcensparenden Arbeitsweise". Die jeweiligen Chefredaktionen der mit Informationen und Einschätzungen bedachten Zeitungen behielten die redaktionelle Hoheit über ihre Zeitung, versichert das RDN, jedoch kann der Leser der vom RDN belieferten Zeitungen meines Erachtens getrost davon ausgehen, dass sich die Chefredaktionen im Gleichschritt bewegen und eigene Einschätzungen hintanstellen. Für drei Zeitungen der Madsack-Gruppe („Wolfsburger Allgemeine Zeitung", „Peiner Allgemeine Zeitung", Aller-Zeitung") werden die Ressourcen dadurch geschont, dass eine einzige Chefredaktion für diese Zeitungen zuständig ist.

Solange privatwirtschaftliche Medienunternehmen sich zu-
sammenschließen, mag das zu akzeptieren sein, weil der Leser
entscheidet, wofür er bezahlen will. Skandalös ist jedoch eine
Verbindung öffentlich-rechtlicher Institutionen mit einer privatwirtschaftlichen Zeitung, so, wie der NDR, der WDR und die
„Süddeutsche Zeitung" eine Zusammenarbeit in Form eines „Re-
chercheverbundes" betreiben. Der Rechercheverbund, seit 2014
vom ehemaligen „Spiegel"-Chefredakteur Georg Mascolo geführt, recherchiert bei anderen, verhindert jedoch, dass die eigene
Tätigkeit transparent wird. Einen gemeinsamen Etat des Recher-
cheverbundes gäbe es nicht, sagt der NDR.[51] Selbst wenn keine
direkten Subventionen vom öffentlich-rechtlichen Rundfunk zur
privatwirtschaftlichen Zeitung fließen sollten, so ist doch immerhin die häufige Erwähnung der „Süddeutschen Zeitung" in Rundfunk und Fernsehen ein Wettbewerbsvorteil, der anderen Zeitungen nicht gegeben wird.

Wie Journalisten im unübersichtlichen täglichen Nachrichten-
gemenge ihrem Weg finden, um nicht unangenehm aufzufallen,
zeige ich im nächsten Kapitel. Auch wie es denjenigen ergeht, die
aus dem einheitlichen richtigen Konsens ausscheren, beschreibe
ich. „Bestrafe einen, erziehe Hunderte", heißt die dabei angewen-
dete Methode.

5. Immer die richtige Meinung

Eine Zensur findet nicht statt, und Geld regiert die Welt. Wer als Journalist wirtschaftlich überleben will, muss anpassungsfähig sein.

Der US-amerikanische Linguist Noam Chomsky hat in zahlreichen Veröffentlichungen dargelegt, wie die „richtigen" Meinungen in den Medien entstehen.[52] Ein zentrales Ergebnis seiner Untersuchungen ist das „Propagandamodell", das aufzeigt, wie große Medienkonzerne ein Propagandasystem aufbauen und die öffentliche Meinung durch Themenschwerpunkte (agenda setting) und die Einbettung der Themen in ein bestimmtes Deutungsraster (framing) beeinflussen. (Ganz am Rande: Dies sind Elisabeth Wehlings nachschaffend entwickelte „Thesen").

Chomsky sieht die Ursache für dieses Phänomen der Beeinflussung darin, dass es nur wenige Elite-Medien gäbe, die das Agenda-Setting betreiben, weil sie über ausreichende Ressourcen verfügen und den Rahmen setzen, in dem alle anderen Medien agieren. Kapitalstarke Herausgeber bestimmen den Medienmarkt unter Wahrung ihrer eigenen Interessen, nämlich wirtschaftlich erfolgreiche Unternehmen zu führen. Abhängig sind die tonangebenden Medienhäuser wiederum von Werbekunden und damit von den Interessen dieser Kunden.

Die tonangebenden Medien (und die Nachrichtenagenturen) bestimmen nicht nur die Themen in ihrer Medienwelt, sondern sie haben darüber hinaus einen erheblichen Einfluss auf gesellschaftliche Befindlichkeiten.

Eine Ausnahme von dem System der wirtschaftlichen Interessen bildet in Deutschland lediglich der öffentlich-rechtliche Rundfunk, der allerdings ist wiederum von politischen Parteien abhängig, die die Höhe der Einnahmen zumindest indirekt beeinflussen können, indem sie Einfluss nehmen auf die KEF, die Kommission zur Ermittlung des Finanzbedarfs der Rundfunkanstalten. Da dürfte es nützlich für beide Seiten sein, für die Parteien und für den Rundfunk, eine personelle Durchlässigkeit zu pflegen, um in engem Kontakt zu bleiben.

Ein kurzer Exkurs soll an dieser Stelle die enge personelle Verflechtung von Regierungssprechern und öffentlich-rechtlichem Rundfunk zeigen. Dieselben Personen, nachdem sie Aufgaben im öffentlich-rechtlichen Rundfunk wahrgenommen haben, repräsentieren später in politischen Ämtern die politische Klasse, und umgekehrt wechseln Personen von politisch geprägten Stellungen in maßgebende Funktionen im öffentlich-rechtlichen Rundfunk. So hat beispielsweise der frühere ZDF-Journalist Steffen Seibert, der unter anderem das „heute-journal" moderiert hat, eine neue Aufgabe als Regierungssprecher und Chef des Presse- und Informationsamtes der Bundesregierung gefunden, und der ehemalige Regierungssprecher und Chef des Presse- und Informationsamtes der Bundesregierung, Ulrich Wilhelm, ist auf dem Gegenweg zum Intendanten des Bayerischen Rundfunks bestellt worden.

Die wirtschaftlichen Abhängigkeiten der Medien haben zur Folge, dass nach unsichtbaren Regeln eine nahezu identische Überzeugung in den Redaktionen darüber herrscht, wie die richtige Agenda auszusehen hat, die dem Publikum zu vermitteln ist. Eine Zensur findet nicht statt, denn sie ist nicht notwendig, weil in den Redaktionen der Leitmedien, wie beispielsweise „Spiegel", „Süddeutsche Zeitung", „Zeit" oder „ARD-Aktuell", Redakteure sitzen, die freiwillig die herrschende Agenda vertreten. Alle Beteiligten, die Redakteure, die Eigner der Medienunternehmen und die Politiker der Parteien profitieren von dieser stillschweigenden Verabredung, so dass auch kaum jemand auf die Idee kommt, das bewährte System in Frage zu stellen. Das Publikum ist im Großen und Ganzen auch zufrieden, denn es wird mit Shows, Sportsendungen, Klatschgeschichten, Ratespielen und anderen Trivialitäten im Fernsehen und in den gedruckten Medien aufs Angenehmste unterhalten. Für die Unterhaltung werden die öffentlich-rechtlichen Rundfunkanstalten mit üppigen Finanzmitteln ausgestattet: Der finanziell bedeutendste Programmbereich ist im Ersten Programm mit 444 Mio. € der Sport und, nicht verwunderlich, beim ZDF ebenfalls der Sport mit 358 Mio. €, erfährt der interessierte Leser aus dem die KES-Leistungsbericht 2018.[53]

Diejenigen Journalisten in den Redaktionen, die sich system-konform verhalten, reüssieren und werden im Laufe ihrer journa-listischen Tätigkeit immer weiter integriert und sozialisiert. Sie akzeptieren, auch mit Blick auf ihr eigenes wirtschaftliches Wohlergehen, dass ihnen die Agenda und das Framing gesetzt werden und sie davor bewahrt werden, Falsches zu äußern. Im Laufe der Zeit internalisieren die Redakteure das richtige Verhal-ten, das ihnen selber nützen mag, aber für die Gesellschaft ein Problem darstellen kann, wenn das gemeinsame Bewusstsein in den Redaktionen unerschütterlich bleibt. Veränderungen der Er-wartungen, Hoffnungen, Sorgen, Wünsche oder Ideen der Mehr-heitsgesellschaft finden keinen Platz in den Gazetten oder ein Abbild im Fernsehen. Die Konformitätskeule bedroht die Vielfalt.

***

Einige Journalisten wagen es, von der richtigen Agenda abzuweichen. Sie landen schnell am Schandpfahl.

Ein Musterbeispiel dafür, wie es solchen Journalisten ergehen kann, die von der „politisch gewollten" Linie abweichen, schil-dert die langjährige Moderatorin des MDR, Katrin Huß, die für den öffentlich-rechtlichen Rundfunk offensichtlich untragbar geworden ist. Und das ist ihr Vergehen: In einem Gespräch mit dem Psychiater Hans-Joachim Maaz im Januar 2016 in der Sendung „MDR um 4" lässt die Journalistin Äußerungen des Interviewgastes zu, die im öffentlich-rechtlichen Fernsehen nicht zugelassen und daher sofort zu korrigieren sind.

Hans-Joachim Maaz wendet sich gegen die pauschale Verunglimpfung der Bürgerrechtsbewegung Pegida und zitiert dazu die Bundeskanzlerin Angela Merkel, die geäußert habe, die Menschen in der Pegida-Bewegung hätten Kälte und Hass in den Herzen. Dies hält Maaz „fast für eine Hetze", in der Menschen diffamiert und diskreditiert werden. Auch die Medien kommen in der Analyse des Psychiaters Maaz nicht gut weg, denn es werde von ihnen mit Bildern von Familien und Kindern in Not gehandelt, um ein viel größeres Problem nicht sehen zu müssen und anzupacken. Er halte es nicht für zulässig, dass unbegrenzt Flüchtlinge kämen, dass die sozialen Verhältnisse gestört würden und vieles kaputt gehe. In der halbstündigen Sendung lässt die Moderatorin den Studiogast in längeren Sequenzen unkommentiert zu Wort kommen.

Am nächsten Tag, in der Redaktionskonferenz, so berichtet die Moderatorin Katrin Huß später, hätten von den vierzig Redakteuren fünfunddreißig Kollegen den Blick nach unten gerichtet, einige hätten sie kritisiert, dass sie den Mann nicht „so" hätte reden lassen dürfen, da hätte sie „dazwischen gehen müssen - zumindest im MDR". Sie sei Journalistin, keine Meinungsmacherin, habe Katrin Huß geantwortet. Am Ende der Woche sei sie zum Chefredakteur gerufen worden, der ihr klar gemacht habe, sie sei dafür verantwortlich, „was die Gäste sagen, und zwar politisch im Sinne des MDR." Ihr kommt bei diesem Gespräch ein in der DDR als Lobeshymne für die SED gern gesungenes Lied in den Sinn: „Die Partei, die Partei, die hat immer recht...", berichtet Katrin Huß fröhlich lachend im Rückblick. Im Juli 2016, nach dem Ende ihres Vertrages mit dem MDR, verlässt sie den Sender. Sie gehört zu den Wenigen, die sich nicht bemaulkorben lassen.

Auch in der Zeitungswelt ist es nicht opportun, von der herrschenden Meinung abzuweichen. Diesmal trifft es Mariam Lau, die in der „Zeit" (Nr. 29/2018, Seite 3 - „Oder soll man es lassen?") in einem Pro- und Contra-Artikel zum Thema „Seenotrettung" von Flüchtlingen und Migranten im Mittelmeer die häretische Position vertritt, dass private Retter das Problem ertrinkender Menschen nur vergrößerten, weil Schlepperorganisationen das Rettungsprogramm zu ihrem Vorteil nutzten.[54] Zudem spricht sie ein Tabuthema damit an, indem sie (ganz vorsichtig) die Frage stellt, ob es wirklich nur der Postkolonialismus sei, der die Menschen zu Tausenden aus einem eigentlich reichen Land wie Nigeria treibe. Schuldzuweisungen an die afrikanischen Regierungen gebe es bei den Aktivisten nie. Und noch schändlicher ist ihre Frage, wie lange es wohl dauern würde, „bis die letzte demokratische Regierung fällt", wenn dem Drängen der Menschenrechtsorganisationen nach einem Europa ohne Grenzen nachgegeben würde.

Ihre Ketzerei bringt sie an den Pranger.

Das Vergehen von Mariam Lau bestehe schon darin, dass sie mit ihrem „Contra" die Menschenwürde relativiere, befindet Heribert Prantl umgehend in der „Süddeutschen Zeitung".[55] Wer so denke, befürworte auch Folter und Todesstrafe. Sie nehme „den Tod von Flüchtlingen billigend in Kauf" urteilt der „Monitor"-Chef Georg Restle. Die „sonst so geschätzte Zeit" habe „den Arsch offen", erkennt Hannah Beitzer, freie Journalistin, die auch für die „Süddeutsche Zeitung" schreibt, und Tom Wolff, Chefredakteur der „Titanic", verkündet: „Wer ihr nicht täglich brühend heißen Kaffee ins Gesicht kippt, ist für mich moralisch gestorben."

Glücklicherweise hat die „Zeit" eine Woche nach der Veröffentlichung des Pro- und Contra-Artikels erkannt, dass der Journalismus gefordert sei: „Wir haben uns vorgenommen, es in Zukunft wieder besser zu machen", bekennt, unter Verzicht auf eine namentliche Kennung, die aus acht Personen bestehende „Zeit"-Chefredaktion.[56] „Wir haben Fehler gemacht: zunächst das Pro und Contra selbst", übt die „Zeit" Selbstkritik und lässt den Leser damit wissen, dass ein Pro und Contra-Artikel, entgegen der irreführenden Bezeichnung, keine zwei Meinungen zulässt, sondern lediglich eine Einheitsmeinung wiederzugeben habe. Und weiter erfährt der Leser, dass die Chefredaktion „großen Respekt" vor den privaten Rettungsaktionen habe. Na bitte, es geht doch!

Es stellt sich jetzt nur noch die Frage, wen die „Zeit" mit dem Artikel auf der Titelseite der selben Pro- und Contra-Ausgabe mit dem großen Foto und der Aufforderung „Sei mutig!" ansprechen will. „Was ist heute Courage?", schreibt die „Zeit" zu einem

Foto, das ein Mädchen im Badeanzug, etwas zögerlich und unsicher auf das tief unten glitzernde Wasser blickend, am Kopf eines Sprungbrettes stehend, zeigt. Ob das Mädchen springen wird? Und weiterhin heißt es: „Quer durch die „Zeit" stellen wir Menschen vor, die sich etwas trauen." Mariam Lau hat sich getraut, Fragen zu stellen. Sie wird es wohl nicht wieder wagen. Und die „Zeit" wird nur noch aalglatte Artikel veröffentlichen, die die herrschende Lehre oder Leere widerspiegeln.

***

Es gibt immer wieder Journalisten, die sich dem Konformitätsdruck nicht unterwerfen, sondern ihre eigenen Ideen entwickeln und unter wirtschaftlichen Risiken ihren Weg abseits ausgetretener Pfade suchen. Viele dieser Medienmacher haben aus eigenem Erleben die uniforme Welt der Gleichen kennen gelernt und es geschafft, wenn auch vielfach erst im reiferen Alter, mit geistiger Unabhängigkeit einen „neuen" Journalismus zu kreieren. Diese Form des Journalismus werde ich in einem späteren Kapitel dieses Buches darstellen.

Zunächst aber ist zu beschreiben, mit welchen Handreichungen der Konformitäts-Journalismus unterstützt wird. Zahlreiche Organisationen sorgen dafür, dass die richtige Meinung in den Medien zur Geltung kommt. Die Zahl der Institutionen, viele

Hundert sind es alleine in Deutschland, ist weniger von Bedeutung, als vielmehr der Einfluss, der von ihnen ausgeht. Einige Institutionen möchte ich hier näher vorstellen.

Die Atlantik-Brücke ist eine der Meinungs-Schmieden, deren Einfluss auf die Vermittlung der richtigen Gesinnung nicht überschätzt werden kann. Einige hundert Mitglieder verfertigen „Orientierungshilfen".

Seit 1952 beeinflussen die Mitglieder der Atlantik-Brücke das Geschehen in der Politik und ihre Würdigung in den Medien. Die Aktivitäten der Atlantik-Brücke werden nach außen sichtbar, indem sie Schriftenreihen veröffentlicht, die die politischen Intentionen des Vereins deutlich werden lassen.

Ein Beispiel zeigt die Ausrichtung des Atlantik-Zirkels. So veröffentlicht der US-amerikanische Politikwissenschaftler Francis Fukuyama, der 1992 in seinem viel diskutierten Buch „Das Ende der Geschichte" zwar deren Ende festgestellt, sich aber offensichtlich geirrt hat, in einer Schriftenreihe der Atlantik-Brücke einen Essay zur Frage „Was ist Populismus?". Fukuyama misst Populismus an drei Kriterien: Populismus liege dann vor, wenn (erstens) politische Maßnahmen bei einem großen Teil der Wählerschaft beliebt sind, wenn (zweitens) nicht die gesamte Staatsbevölkerung, sondern nur bestimmte Teile als Träger der nationalen Identität gelten und (drittens) Politiker direkte, unmittelbare Beziehungen zu den Teilen der Bevölkerung aufbauen die sie „angeblich" vertreten. Fukuyama klassifiziert dann unter seiner Definition den ungarischen Ministerpräsidenten Viktor Orbán als Populisten und, sehr ausführlich, den amerikanische Präsidenten Donald Trump, den er als „unwürdig" erachtet und der „als Fehltritt" in die Geschichte eingehen könnte.[57]

Entscheidend für die Wirkung der Atlantik-Brücke sind allerdings nicht die veröffentlichten Schriften der Vereinigung oder die Vorträge von Wissenschaftlern zu politischen Themen, sondern die Verbindungen der über 500 Mitglieder des eingetragenen Vereins untereinander. Die großen Medienunternehmen, wie die Hubert Burda Medien, Axel Springer SE, Bertelsmann, Gruner + Jahr, die Holtzbrinck Publishing Group, die Funke Mediengruppe oder das ZDF und die ARD sind in der Atlantik Brücke vertreten, häufig mit Personen aus den Unternehmensleitungen.

Geschäftsführender Vorstand ist Friedrich Merz, ehemaliger Vorsitzender der CDU/CSU-Bundestagsfraktion und unter anderem aktuell Vorsitzender des Verwaltungsrates der HSBC Trinkaus & Burkhardt AG, einer Bank, die Teil eines der größten Finanzinstitute der Welt ist. Stellvertretende Vorsitzende sind Burkard Schwenker, nach mehreren Funktionen in der Unternehmensberatung Roland Berger jetzt auch Mitglied des Kuratoriums der „Zeit"-Stiftung Ebelin und Gerd Bucerius, sowie Edelgard Bulmahn (SPD), ehemalige Bundesministerin für Bildung und Forschung. Zu den Vorstandsmitgliedern gehört neben zahlreichen Vertretern aus dem Banken- und Industriesektor auch der

Journalist Kai Diekmann, ehemaliger Chefredakteur der „Bild"-Zeitung und Herausgeber der „Bild"-Gruppe, dessen Auftreten in einer TV-Dokumentation ich eingangs beschrieben habe.

Das Bekenntnis zu den USA gehört zu den „Essentials" des Springer-Konzerns, Grundsätze, die in einer Unternehmensverfassung unter anderem festlegen, dass das Unternehmen die „Solidarität in der freiheitlichen Wertegemeinschaft mit den Vereinigten Staaten von Amerika" zeigt. Die Mitarbeiter des Unternehmens erhalten damit eine „Orientierung", die alle Mitarbeiter verbindet.[58] In der Atlantik-Brücke kann die notwendige Orientierung gefestigt werden.

Zu den „einfachen" Mitgliedern der Atlantik-Brücke zählen Angela Merkel, Bundeskanzlerin, Sigmar Gabriel, ehemals Vizekanzler und ehemals SPD-Parteivorsitzender, Claus Kleber, Leiter der ZDF-Nachrichtenredaktion, Stefan Kornelius, Leiter des Ressorts Außenpolitik der „Süddeutschen Zeitung" und Jan Fleischhauer, Redakteur des „Spiegel". Wenn die Bundeskanzlerin an einer Mitgliederversammlung teilnehmen möchte, hat sie nicht weit zu gehen: Neben ihrer Privatwohnung am Kupfergraben in Berlin hat die Atlantik-Brücke ihren Sitz.

Wie die Mitglieder der Atlantik-Brücke wirken, lässt sich an einem Beispiel der ARD-Sendung „Anne Will" zeigen, die am 15. April 2018 das Thema behandelt: „Angriffe des Westens auf Syrien - wie gefährlich ist die Konfrontation mit Russland?" Die Gastgeberin Anne Will hat dazu den Leiter der Münchner Sicherheitskonferenz Wolfgang Ischinger, die Russland-Korrespondentin der ARD Golineh Atai, den Vorsitzenden des Auswärtigen Ausschusses im Bundestag, den CDU-Politiker Norbert Röttgen, das Vorstandsmitglied der Linken Jan van Aken und den stellvertretenden Vorsitzenden der FDP Alexander Graf Lambsdorff eingeladen.

Wie immer in der Sendung „Anne Will", klatschen die Zuschauer im Studio aufdringlich begeistert, unabhängig davon, welches Thema zu besprechen ist. Die Moderatorin vermag kaum den Jubel der Claqueure zu zügeln, als sie die Gäste dieser Sendung vorstellt. Leider vergisst Anne Will, den Zuschauern zu erklären, dass drei der Diskutanten Vorstandsmitglieder der Atlantik-Brücke sind, nämlich Wolfgang Ischinger, Alexander Graf Lambsdorff und Norbert Röttgen. Was die drei Atlantik-Vorstände zu sagen haben, ist erwartbar: Sie haben „das Ziel, die Zusammenarbeit zwischen Deutschland, Europa und Amerika zu vertiefen", und sie „fördern das gegenseitige Verständnis", wie es in der Eigenbeschreibung der Gruppe heißt. Verständnisvoll bewerten die drei Diskutanten daher den völkerrechtswidrigen militärischen Einsatz von Raketen der USA, Großbritanniens und Frankreichs gegen Stellungen der syrischen Streitkräfte. Sie schaffen es, den vermuteten Giftgas-Einsatz syrischer Kampfverbände als real darzustellen, und sie schaffen es, die Hintergründe der Auseinandersetzungen verschiedener Interessengruppen in Syrien auszublenden, nämlich den Kampf um die beste Ausgangsposition für Gas- und Öllieferungen nach Europa.[59] Die Zuschauer im Studio sind am Schluss der Sendung immer noch begeistert. Karl Marx hat, wie auch an diesem Beispiel zu sehen ist, Recht behalten: Das Publikum zeigt sich behaglich dumm.

Das Ergebnis eines Gutachtens der Wissenschaftlichen Dienste des Deutschen Bundestages ist an dieser Stelle nachzutragen. Das Rechtsgutachten des Deutschen Bundestages bestätigt am 18. April 2018, dass der Militärschlag der USA, Großbritanniens und Frankreichs völkerrechtswidrig gewesen sei und überwiegend politische und moralische Argumente als Begründung für den Militäreinsatz herangezogen worden seien.[60] Das aber muss das Publikum nicht erfahren.

***

Die Mitglieder der Bilderberg-Konferenz treffen sich diskret hinter verschlossenen Türen. Die Öffentlichkeit erfährt von den vertraulichen Zusammenkünften daher unmittelbar kaum etwas. Der indirekte Einfluss der Verständigung von Teilnehmern aus Politik, Wirtschaft und Medien dürfte jedoch erheblich sein.

Wesentlich diskreter als die Atlantik-Brücke arbeitet die Bilderberg-Konferenz, die, obwohl sich ihre Tätigkeit nicht ganz verheimlichen lässt, versucht, sich so gut wie gar nicht bemerkbar zu machen. Manchmal lässt sich die öffentliche Wahrnehmung jedoch nicht vermeiden.

Das Grand Hotel Taschenbergpalais in der Innenstadt Dresdens ist in diesen sonnigen Junitagen des Jahres 2016 weiträumig für eine private Veranstaltung, die Bilderberg-Konferenz, abgesperrt. Beton-Poller mit aufmontierten Gittern verhindern, dass neugierige Besucher sich dem Hotel nähern. Mehrere Polizisten stehen eng an eng vor und hinter dem verschlossenen Zufahrtstor zum Hotel, Polizisten zu Pferd und Polizisten zu Fuß sichern den Zaun und die Wege vor dem abgesperrten Terrain. Das Tor zur Sophienstraße wird nur geöffnet, wenn zusätzliche Polizei-Mannschaftswagen auf das Gelände fahren, oder dann, wenn Limousinen der Luxusklasse, wie Mercedes-Maybach Limousinen, begleitet von Polizeilimousinen, zum Hoteleingang fahren. Aus den Limousinen steigen Personen aus, die häufig nicht zu identifizieren sind, weil das Publikum auf gehörigem Abstand gehalten wird. Zu denen, die erkannt werden, gehört der Bundesinnenminister Thomas de Maizière, der mit „Hau ab"-Rufen bedacht wird. Die Zufahrtsstraßen Dresdens sind weiträumig um das Hotel durch Polizei gesichert.

Die Protestszene Dresdens ist an diesem Wochenende überschaubar, lediglich einige Dutzend Protestierer finden sich vor dem Luxushotel ein. Allerdings sind die Protestierer mit wattstarken Lautsprechern ausgerüstet, so dass sie ihr Missfallen über die Bilderberg-Konferenz, wenn nicht zahlreich, so doch lautstark verkünden können. Ein einsamer Protestierer steht, mit einem Mikrofon ausgerüstet, vor der Semper-Oper und ruft in einwandfreiem Sächsisch zu Protesten auf. Kaum jemand beachtet ihn.

Die Teilnehmerliste dieser Konferenz ist, wie in den Vorjahren, international. Zu den deutschen Teilnehmern gehören Mathias Döpfner, Vorstandsvorsitzender der Axel Springer SE, Thomas Ebeling, Vorstandsvorsitzender von ProSiebenSat.1, Thomas Enders, Vorstandsvorsitzender der Airbus Group, Ulrich Grillo, Präsident des Bundesverbandes der Deutschen Industrie, Julia Jäkel, Vorstandsvorsitzende von Gruner + Jahr, Joe Kaeser, der nicht mehr Josef Käser heißen möchte, Vorstandsvorsitzender der Siemens AG, Ursula von der Leyen, Bundesverteidigungsministerin, Wolfgang Schäuble, Bundesfinanzminister, John Cryan, Vorstandsvorsitzender der Deutschen Bank. In der Konferenz kommen Vertreter der Medienbranche, der Politik und der Wirtschaft zusammen.

Auffallend ist, dass in den letzten Jahren fast immer Vertreter der „Zeit" an den jährlichen Bilderberg-Konferenzen teilnehmen oder sogar Einfluss auf die Themenstellungen der Konferenzen und ihre Teilnehmer haben. So ist der politische Kommentator der „Zeit", Christoph Bertram, fünfzehn Mal auf der Konferenz, Matthias Naß, internationaler Korrespondent der „Zeit", fünf Mal. Auch Josef Joffe und Theo Sommer, beide ehemalige Chefredakteure der „Zeit", sind auf den Teilnehmerlisten verzeichnet. Theo Sommer, Matthias Naß und Christoph Bertram sind auch als Mitglieder des Lenkungsausschusses dokumentiert.[61]

Josef Joffe sieht die Verbindung von Journalisten zu Vertretern aus Politik und Wirtschaft durchaus kritisch. Er nennt die Verflechtungen eine „schreckliche, symbiotische Beziehung." „Jeder benutzt den anderen. Wir wollen, dass sie uns etwas erzählen, uns gar in ihr Vertrauen ziehen. Die benutzen uns natürlich genauso, denn sie kennen das moderne ontologische Prinzip, dass nichts existiert, was nicht in den Medien steht."[62] Dennoch ist Joffe mittendrin, bei der Atlantik-Brücke und bei Bilderberg-Konferenzen.

Diskussionsergebnisse aus den Konferenzen werden nicht veröffentlicht, Transparenz ist unerwünscht. Dabei wäre es durchaus für die Öffentlichkeit von Bedeutung zu erfahren, ob und wie kontrovers diskutiert wird über die Themen „Europa: Migration, Wachstum, Reform, Vision, Einigung" (Punkt 3 der Tagesordnung 2016) oder „Prekariat und Mittelklasse" (Punkt 9 der Tagesordnung 2016). Selbst der Bundesregierung liegen, obwohl regelmäßig Minister der Regierung an den Konferenzen teilnehmen, keine Erkenntnisse über Tagesordnungspunkte oder Ergebnisse aus Bilderberg-Konferenzen vor, wie die Bundesregierung auf eine Kleine Anfrage mehrerer Abgeordneter der Fraktion Die Linke glauben machen will.[63]

Die teilnehmenden Minister der Veranstaltungen behalten die Geheimnisse der Zusammenkunft offenbar für sich, da sie ja privat, wie immer wieder betont wird, zu der Konferenz kommen, die seit 1954 jährlich, damals erstmals im Hotel de Bilderberg in Oosterbeek in den Niederlanden, abgehalten wird. Warum der Kern einer Großstadt wie Dresden mehrere Tage lang für eine private Veranstaltung von der Polizei abgesperrt wird, erschließt sich allerdings nicht, ebenso wenig wie die Erklärung der Bundesregierung, die Erstattung von Dienstreisekosten der Mitglieder der Bundesregierung erfolgten für die private Veranstaltung nach den Vorschriften des Bundesministergesetzes, des Bundesreisekostengesetzes und der Allgemeinen Verwaltungsvorschrift zum Bundesreisekostengesetz. Der Steuerzahler finanziert demnach die privaten Veranstaltungen der Minister. Bei mir bleibt ein Unbehagen angesichts der Verwischung dienstlicher und privater Interessen führender Vertreter des Staates, der Wirtschaft und der Medien nach. Offensichtlich nur bei mir.

$$***$$

Zahlreich und unüberschaubar sind die Vereinigungen, in denen Interessenvertreter zusammenwirken. Vielen Verbindungen ist gemeinsam, dass auch Journalisten zu ihren Mitgliedern, Beiräten oder Vorständen gehören oder auch Zielgruppe der Aktivitäten der Kooperationen sind. So seien hier nur die Bundesakademie für Sicherheitspolitik genannt, die Medienvertretern „in einer vertrauensbasierten Atmosphäre" Hintergrundinformationen zu sicherheitspolitischen Themen geben will.[64] Die Deutsche Atlantische Gesellschaft e.V. lädt beispielsweise unter der Moderation des Journalisten Werner Sonne zu einer Podiumsdiskussion ein, an der unter anderen die Leiterin des Fachgebiets Verteidigung im ARD-Hauptstadtstudio, Marion von Haaren, teilnimmt.[65] Die Deutsche Gesellschaft für Auswärtige Politik, gefördert unter anderen vom Auswärtigen Amt, will die „Entscheidungsträger in Politik, Wirtschaft und Zivilgesellschaft beraten" und „einen maßgeblichen Beitrag zur außenpolitischen Meinungsbildung" leisten. Dazu dient beispielsweise ein „Hintergrundgespräch" mit Stefan Kornelius, Ressortleiter Ausland der „Süddeutschen Zeitung", das „vertraulich" bleiben soll.[66] Journalisten zahlen als Mitglieder der Gesellschaft einen als Spende steuerlich absetzbaren ermäßigten Beitragssatz von jährlich 75 Euro statt 250 Euro. Zu denen, die von den ermäßigten Beitragssätzen und „von wertvollen Kontakten zu Entscheidungsträgern" profitieren, gehören Franziska Augstein („Süddeutsche Zeitung") und ihr Kollege Stefan Kornelius, Jörg Lau („Die Zeit"), Michael Stürmer („Die Welt") und Jochen Zierhut (WDR).

Mehrere europäische Zeitungen bilden seit 2015 einen Verbund, um die „journalistischen Kompetenzen" zu bündeln und Qualitätsjournalismus in Europa zu fördern.[67] „Leading European Newspaper Alliance" (LENA) nennt sich der Zeitungsverbund, dessen Teilnehmer - in Deutschland ist es die „Welt" - sich selbst als „führend" erklären. Der Verbesserung der Wirtschaftlichkeit der Zeitungen mag der Verbund dienen, der Meinungsvielfalt eher nicht, denn wie eine „Stärkung der öffentlichen Meinungsbildung" erreicht werden soll, wenn „Entscheider aus Politik und Wirtschaft (sich) zu zentralen Themen der Entwicklung Europas" bei gemeinsamen LENA-Events austauschen, bleibt mir ein Rätsel.

Ich bin nicht alleine, wenn ich die journalistische Unabhängigkeit angesichts der zahlreichen Verflechtungen von Politik, Wirtschaft und Medien in Zweifel ziehe. Zwei Satiriker haben ebenfalls Probleme.

Die Verbindungen von Journalisten mit den Mächtigen in Clubs, Verbänden, Vereinen, Freundeskreisen, Konferenzen, Zirkeln oder Zünften sind oft verwickelt und schemenhaft. Eine Satiresendung schafft jedoch Transparenz.

Claus von Wagner und Max Uthoff liefern in der ZDF-Satiresendung „Die Anstalt" am 29. April 2014 ein Meisterstück zum Thema „Unabhängiger Journalismus" ab, das in mehreren juristischen Auseinandersetzungen eine rechtliche Würdigung gefunden hat.

Die Satiriker zeigen in ihrem Kabinettstück ein Schaubild, das auch Verbindungen des „Zeit"-Herausgebers Josef Joffe und des „Zeit"-Autors Jochen Bittner zu internationalen Interessenorganisationen, wie beispielsweise der Atlantik-Brücke, aufzeigt. Josef Joffe bestreitet die Verbindungen und bewirkt eine einstweilige Verfügung, der zu Folge die Behauptung untersagt wird, Joffe „sei Mitglied, Beirat oder Vorstand von acht Organisationen, die auf einer Schautafel in der Sendung Die Anstalt vom 29. April 2014 im ZDF genannt wurden."[68] Jochen Bittner erwirkt unter anderem eine einstweilige Verfügung des Hanseatischen Oberlandesgerichts, es dürfe nicht mehr behauptet werden, er habe „im Zusammenhang mit der Rede des Bundespräsidenten Gauck vor der Münchner Sicherheitskonferenz für den Bundespräsidenten geschrieben."[69] Allerdings haben die Satiriker dies gar nicht behauptet. Die Klagen der be- und getroffenen Journalisten enden im Januar 2017 vor dem Bundesgerichtshof, der zu dem Ergebnis kommt, in der Satiresendung sei zum Ausdruck gebracht worden, „es bestünden Verbindungen zwischen den Klägern und in der Sendung genannten Organisationen. Diese Aussage ist zutreffend."[70] Und zutreffend ist auch das Bild, das die beiden Satiriker von einem runtergekommenen Journalismus zeichnen.

Max Uthoff fragt seinen Partner Claus von Wagner in der ZDF-Sendung, ob es nicht zu Interessenkonflikten käme, wenn Journalisten Verbindungen zu den internationalen Organisationen hätten. „Nein", beruhigt von Wagner, „Interessenkonflikte gibt es nur da, wo es verschiedene Interessen gibt." Dass keine Interessenkonflikte bestehen, bestätigen die Satiriker mit der Feststellung, Jochen Bittner, der Journalist der „Zeit", habe mitgewirkt an einem Strategiepapier, das die Außenpolitik der Bundesrepublik neu ausrichtet, und er schreibe hinterher wohlwollend über diese Strategie, allerdings nicht erwähnend, dass er an dieser Strategie „mitgebastelt" habe. Die Sendung endet mit dem Hinweis Uthoffs, die erwähnten Zeitungen (neben der „Zeit" auch die „Süddeutsche Zeitung" und die „Frankfurter Allgemeine Zeitung") seien so etwas wie die „Lokalausgaben der NATO-Pressestelle." „Das haben Sie schön gesagt", bestätigt von Wagner.

Und es bleibt festzustellen, dass in einer Glanznummer von nur sechs Minuten die Misere des Journalismus grell zu Tage gebracht wird. Die Misere besteht nicht darin, dass Journalisten mit Interessenvertretern aus Politik oder Wirtschaft zusammenkommen, das sollen sie sogar, denn sie müssen Informationen gewinnen, sondern das Elend besteht darin, dass sie die „Orientierungshilfen", die ihnen geboten werden, bereitwillig umsetzen. Und noch bedenklicher ist, dass Themen und Informationen, die nicht in den Rahmen der „Orientierungshilfen" fallen, eisern verschwiegen werden. Dazu werde ich später Beispiele aufzeigen.

Nicht zu vergessen: In der ARD-Fernsehsendung „Presseclub" am 22. Januar 2017 desavouiert sich Josef Joffe, als wenn seine unklugen Klagen gegen eine Satiresendung nicht Anlass gewesen wären, in sich zu gehen und ein wenig Zurückhaltung zu üben, indem er als Diskussionsbeitrag zu dem Thema, ob gegen den US-Präsidenten Donald Trump ein Amtsenthebungsverfahren möglich wäre, diese Lösung vorschlägt: „Mord im Weißen Haus zum Beispiel." Ein Kommentar zu dieser erbärmlichen Bemerkung erübrigt sich. Die Leitmedien haben in gewohnter Harmonie ebenfalls auf eine Kommentierung verzichtet, ja, es nicht einmal für nötig erachtet, über die Entgleisung eines Kollegen überhaupt zu berichten. Joffe, der Journalist, der sehr empfindlich reagiert, wenn er hinsichtlich seiner Verbindungen zu politischen Organisationen in einer Satiresendung gewürdigt wird, zeigt sich erschreckend radikal, wenn es darum geht, den US-Präsidenten zu „erledigen".

Es verwundert nicht, dass Josef Joffes Medienkollegen schweigend über seinen dümmlichen Ausfall im „Presseclub" hinwegsehen, denn die Teilnehmer der sonntäglichen Fernsehrunde sind sich alle sehr nahe. Immer wieder sitzen die selben Journalisten aus dem linken politischen Spektrum vor den Fernsehkameras und erklären den Zuschauern ihre, die richtige, Weltsicht zum US-amerikanischen Präsidenten, zur Klimapolitik oder zur Asylpolitik. Meine Auswertung von 25 Sendungen des „Presseclubs" in der Zeit von April 2018 bis Oktober 2018 zeigt, dass besonders gerne die Kollegen vom Deutschlandradio, dem Deutschlandfunk oder der ARD eingeladen werden (14 mal) Auch die Journalistenkollegen der „Zeit" (7 mal), der „Süddeutschen Zeitung" (8 mal) und der „taz" (5 mal) sind begehrte Diskussionsgäste, denn bei ihnen besteht kein Risiko, dass sie im Gespräch vom üblichen „Narrativ" abweichen. Zahlreiche Gesprächspartner bezeichnet die „Presseclub"-Redaktion in der Sendung als freie Journalisten, aber sie gibt damit nur eine Teilinformation weiter, denn fünf „Freie", die im betrachteten Zeitraum im „Presseclub" diskutiert haben, schreiben frei für die „taz", die „Zeit" oder arbeiten für die ARD. Auch die seltener eingeladenen Journalisten vom „Tagesspiegel", dem „Spiegel" oder dem „Stern" sind nicht als „Abweichler" verdächtig. Man bleibt auch hier, im „Presseclub", unter sich.

***

Auch sprachlich werden Journalisten auf die Reihe gebracht. Zahlreiche Sprach-Gilden sorgen mit Staatshilfe dafür, dass Journalisten ein einheitliches Vokabular verwenden und dem Publikum eine heile Welt vorspiegeln.

Neben solchen Organisationen, die Journalisten in ihre politischen Bestrebungen einbetten, sie also als „embedded journalists" fremd steuern, sind auch zahlreiche Vereinigungen von Journalisten darum bemüht, eine einheitliche Ausrichtung der Berichterstattung zu erreichen. Auch diese Journalisten-Zirkel werden gelegentlich großzügig von staatlichen Institutionen gefördert.

Zu nennen sind hier die Neuen Deutschen Medienmacher, die sich „für mehr Vielfalt in den Medien" einsetzen. Dafür haben die Medienmacher unter anderem Formulierungshilfen entwickelt, die in einem umfangreichen Glossar mit über 200 Bezeichnungen von „A", wie Abschiebung bis „Z", wie Zuwanderer dazu dienen sollen, einen „uneinheitlichen Gebrauch von Begriffen" zu verhindern, wie es verharmlosend heißt. Beispielsweise ist die Bezeichnung „Zuwanderer" zu vermeiden, denn die Vorsilbe „Zu" unterstreiche die Nichtzugehörigkeit zu einer Gesellschaft. Die richtige Bezeichnung laute „Einwanderer". Wie mit diesem Glossar angeblich die „Vielfalt in den Medien" gefördert wird, erschließt sich dem externen Beobachter nicht. Die Vielfalt wird im Gegenteil abgewürgt.

Die auf der Webseite des eingetragenen Vereins vorgestellten Mitglieder sind vor allem Journalisten des öffentlich-rechtlichen Rundfunks, die unter anderem im ZDF, dem NDR, dem SWR, dem WDR oder bei ARD-Aktuell wirken. Die Neuen Deutschen Medienmacher gerieren sich als kultursensibel, haben aber offensichtlich dennoch kein Problem damit, sich in den Fußstapfen des Reichsministers für Volksaufklärung und Propaganda zu bewegen, der im März 1933 die inhaltliche Lenkung der Presse übernommen hat und mit Sprachregelungen die Durchsetzung der NS-Ideologie fördert.

Sebastian Haffner beschreibt in seinem Buch „Von Bismarck zu Hitler: Ein Rückblick" die Praxis der Einflussnahme Goebbels´ auf die Presse.[71] „Diese Sprachregelung bedeutete nicht, daß man den Zeitungen jede Kleinigkeit vorschrieb (…), sie bedeutete aber, daß gewisse Nachrichten unterdrückt werden mußten oder nur sehr unauffällig gebracht werden durften und daß gewisse andere Nachrichten groß herauszustellen waren. In gewissen Fällen, nicht häufig, in kritischen Situationen, wurde den Redakteuren auch angegeben, welche Linie sie in ihren Leitartikeln zu verfolgen hatten." Im Resümee seiner Betrachtungen der NS-Medienwelt stellt Sebastian Haffner fest, dass von einer totalen Gleichschaltung der Presse keine Rede sein könne, die Form der Manipulation der öffentlichen Meinung und der öffentlichen Stimmung jedoch fast als genial zu benennen sei. Goebbels „versuchte nämlich nicht, das gesamte deutsche Volk zu national-sozialistischen Ideen zu bekehren, sondern er verlegte seine Anstrengungen darauf, den Bürgern durch die Medien eine heile Welt vorzuspiegeln." Haffners Beschreibungen der geschickten, unterschwellig wirkenden Pressepolitik des NS-Regimes rufen durchaus Assoziationen zur heutigen Einflussnahme staatlicher oder staatsnaher Institutionen auf den Medienbereich hervor.

Die Partner der Neuen Deutschen Medienmacher, die auf der Webseite des Vereins benannt werden, sind unter anderem das Auswärtige Amt, das Bundesministerium für Familie, Senioren, Frauen und Jugend, die Amadeu Antonio Stiftung, die Bundeszentrale für politische Bildung oder öffentlich-rechtliche Rundfunkanstalten, wie das ZDF, Deutschlandradio, der Bayerische Rundfunk oder der SWR. Die Bundesregierung hat die Arbeit des Vereins mit mehreren Millionen Euro, nein, nicht „finanziell unterstützt", denn die direkte Bezahlung von Mietgriffeln wäre ja ziemlich anrüchig, sondern sie hat lediglich „konkrete Projekte" gefördert, wie aus der Antwort der Bundesregierung auf eine Kleine Anfrage der AfD hervorgeht.[72]

Auch aus der Antwort auf eine Kleine Anfrage von Bündnis 90/Die Grünen an die Bundesregierung erfährt der Bürger, dass die Neuen Deutschen Medienmacher jahrelang üppige Zuwendungen beispielsweise für Bundes- oder Regionalkongresse „neue deutsche Organisationen" („neu" klein geschrieben) oder für den „Aufbau lokaler Netzwerke von Journalisten mit Migrationshintergrund und Wissensvermittlung zur Rolle der Medien in der Einwanderungsgesellschaft" erhalten.[73] Wie hoch die tatsächliche gesamte direkte staatliche Förderung der Neuen Deutschen Medienmacher ist, lässt sich nicht feststellen, denn die Bundesregierung antwortet auf alle Kleinen Anfragen der Opposition im Deutschen Bundestag ausweichend und benennt lediglich Teilförderungen. Für das Jahr 2017 sind ausweislich der Angaben der Bundesregierung 577.918 Euro an den Verein gezahlt worden, im Jahr 2018 sind es 453.394 Euro (Bundestag Drucksache 19/3784). In der Bundestag Drucksache 19/5134 nennt die Bundesregierung Beträge von 537.503 Euro für die Jahre 2017 und 2018, in der Bundestag Drucksache 19/2376 für das Jahr 2017 Beträge von 101.691 für die Förderung des Modellprojekts „Wir bleiben im Gespräch" oder 421.445 Euro zur „Projektförderung Informationsplattform Handbook Germany" und 96.569 Euro für das Projekt „Wege in den Journalismus". Es läppert sich am Ende zu massiven staatlichen Förderungen, nicht nur direkt, sondern auch indirekt.

Nichtstaatliche Institutionen, die die Neuen Deutschen Medienmacher unterstützen, werden ihrerseits staatlich gefördert oder sie finanzieren sich über die Zwangsgebühren für den öffentlich-rechtlichen Rundfunk. Die Partner halten die Tätigkeiten des Clans der Medienmacher offensichtlich als segensreich, denn anderenfalls müssten sie ihre Unterstützung für den zweifelhaften Verein versagen. Der Reichsminister für Volksaufklärung und Propaganda beeinflusst mehr als 70 Jahre nach seinem Ende im Bunker der Reichskanzlei in Berlin immer noch die Medienwelt. Die Wirkung ist auch in den Programmen der Rundfunkanstalten festzustellen.

Die Neuen Deutschen Medienmacher fallen nicht nur durch ihre robuste Ignoranz gegenüber der historischen Entwicklung der Volksaufklärung auf, sondern auch durch eine Geschmacklosigkeit, die kaum drastischer ausfallen könnte. Die Webseiten-

Rubrik der Neuen Deutschen Medienmacher mit dem Titel „Über uns" enthält einen Bericht über die Bundeskonferenz 2017 des Verbandes, der mit einer Karikatur des US-Präsidenten Donald Trump eingeleitet wird. Eine Sprechblase aus dem Mund des Präsidenten zeigt, ja, mir fällt keine andere Bezeichnung für den Inhalt der Sprechblase ein, sie zeigt Scheißhaufen. Der US-Präsident sondert auf der Zeichnung aus seinem Mund Exkremente ab. Die Bundeskonferenz trägt den Titel „Hate. So sad. Wie Journalist*innen mit Hass im Netz umgehen" und sie soll den „Journalist*innen Werkzeuge an die Hand geben, um mit Hate Speech umgehen zu können." Es hätte sich angeboten, das eigene Machwerk der Neuen Deutschen Medienmacher als abschreckendes Beispiel im Workshop heranzuziehen, jedoch gibt es Hate Speech nur bei anderen, nicht bei den Neuen Deutschen Medienmachern. Eine Reaktion der Sponsoren ist nicht erkennbar, auch das Auswärtige Amt der Bundesrepublik Deutschland ist weiterhin Partner des obskuren Vereins.

Wie die Neuen Deutschen Medienmacher greifen auch andere Organisationen den Medienschaffenden unter die Arme, wenn es darum geht, den richtigen Sprachgebrauch zu vermitteln. So hilft auch der Mediendienst Integration den Journalisten mit einer Handreichung, die in gleicher Weise wie die Hilfestellung Neuen Deutschen Medienmacher die Begriffe von „A", wie „Asylbewerber" bis „Z", wie „Zurückschiebung" erläutert, damit die Journalisten keinem falschen Sprachgebrauch anheimfallen.[74] Die Nationale Armutskonferenz unterstützt Journalisten damit, dass sie „soziale Unwörter" erkennt und sie auf eine Tabu-Liste setzt. „Arbeitslos" gehört zu den Wörtern, die zu vermeiden sind, denn es „sollte erwerbslos heißen, weil es viele Arbeitsformen gibt, die kein Einkommen sichern", die Bezeichnung „bildungsferne Schichten" ist ebenfalls tabuisiert, denn die Menschen, die fälschlicherweise so bezeichnet werden, sind „vom Bildungswesen nicht Erreichte", und „sozial Schwache" gibt es auch nicht, weil die Schwachen „ökonomisch schwach" sind.[75]

***

Neusprech und Doppeldenk machen Lügen zur Wahrheit, vermitteln die richtige Weltanschauung und beschneiden die Gedankenfreiheit. Die Akteure in der Romanwelt George Orwells finden eifrige Epigonen in der Realität.

Zahlreiche Medien treiben es arg bunt mit manipulierenden Redewendungen oder Wörtern, die bestimmte Assoziationen bei den Lesern oder Zuschauern hervorrufen sollen. „Doppelsprech" heißt diese Manipulation. Im Doppelsprech treffen Elemente der von George Orwell in seinem Roman „1984" als Neusprech (Newspeak) bezeichneten Sprachmanipulation und Elemente seines Neusprech-Begriffs Doppeldenk (Doublethink) zusammen.

Orwells Neusprech reguliert und beschränkt die Sprachformen, um die Kommunikationsmöglichkeiten und die Gedankenfreiheit zu steuern und damit zu beschneiden, Doppeldenk zielt darauf ab, die Logik außer Kraft zu setzen, um widersprüchliche Überzeugungen oder Zweideutigkeiten nicht offenbar werden zu lassen. Doppeldenk erlaubt es, Lügen voller Überzeugung zu verbreiten und Realitäten zu vergessen oder nach Bedarf wieder in Erinnerung zu bringen.

Im Anhang zu seinem Buch „1984" benennt George Orwell die Elemente und Entwicklungen des Neusprech.[76] Neusprech, so schreibt Orwell, gewann ständig an Boden, weil alle Parteimitglieder dazu tendierten, im täglichen Sprachgebrauch immer mehr Neusprechwörter und grammatikalische Konstruktionen zu verwenden. Neusprech soll das Ausdrucksmittel der richtigen Weltanschauung und Geisteshaltung werden und alle anderen Denkweisen unmöglich machen, indem neue Wörter erfunden und unerwünschte Wörter eliminiert werden und der Gedankenspielraum eingeengt wird. Das Vokabular besteht aus Wörtern, „die nicht nur in jedem Fall eine politische Implikation hatten, sondern auch dazu bestimmt waren, dem Benutzer eine wünschenswerte Geisteshaltung zu oktroyieren."

Einige wenige Beispiele mögen illustrieren, wie der Neusprech von Medien oder Politikern heute verbreitet wird. Wenn von einer „abstrakten Gefahr" gesprochen wird, ist anzunehmen, dass das Risiko hoch ist. Wenn gewalttätige Übergriffe, von Migranten begangen, die Bevölkerung verunsichern, werden die Übergriffe zu „bedauerlichen Einzelfällen" herab gestuft. Wenn das Auto mit „Biosprit" betankt wird, ist das nicht unbedingt förderlich für eine intakte Umwelt, denn es handelt sich um Benzin, das mit Ethanol, einem aus Pflanzen hergestellten Alkohol, versetzt wird. Wenn von der „Zivilgesellschaft" die Rede ist, kann getrost davon ausgegangen werden, dass es sich um linke Genossen handelt. Dumme Menschen gibt es nicht mehr, denn sie sind „bildungsfern", oder noch besser, wie von der Nationalen Armutskonferenz empfohlen (siehe oben), es sind „vom Bildungssystem nicht Erreichte", denn dieser Terminus signalisiert eine Schuldzuweisung. Andere haben Schuld, dass jemand dumm geblieben ist. Und die „Ehe für alle" bedeutet, dass die ursprüngliche Bedeutung der Bezeichnung Ehe, im Lateinischen mit dem Wort Matrimonium auf die Mutterschaft hinweisend, verloren geht, wenn Beziehungen, die von vornherein die Zeugung von Kindern ausschließen, in diesen Begriff eingeschlossen werden.

Neusprech bedeutet auch, dass unerwünschte Wörter eliminiert werden, wie es George Orwell schon vor siebzig Jahren beschrieben hat: „Zahlreiche Worte wie „Ehre, Gerechtigkeit, Moral, Nation, Heimat, Volk, Rasse, Wissenschaft und Religion" gab es ganz einfach nicht mehr."

Peter Schlobinski, Professor für germanistische Linguistik an der Leibniz Universität Hannover hat in einem Aufsatz erläutert, dass mit der „Sprachlenkung" das Ziel verfolgt werde, „Definitionen, Bedeutungen und Wertungen in der öffentlichen und letztlich in der Allgemeinsprache so durchzusetzen, dass sie den eigenen Interessen, der eigenen Ideologie dienen."[77] Da hat der Professor sicherlich recht, vor allem, wenn er weiterhin konstatiert,

Sprachlenkung sei ein Instrument der Manipulation. Allerdings beziehen sich seine Erkenntnisse nicht auf die Sprachlenker der Neuen Deutschen Medienmacher oder des Mediendienstes Integration, sondern auf rechtsradikalen Sprachgebrauch. Sein Aufsatz trägt den Titel: „Wider die Rechtsradikalisierung im Sprachgebrauch". Radikalisierungen im Sprachgebrauch der nicht als „rechts" entlarvten Medien hat der Professor offenbar nicht entdecken können.

Die Forschungsergebnisse des Sprachwissenschaftlers Thomas Niehr zeigen eine ähnliche Tendenz auf, wie diejenigen seines Kollegen Schlobinski. In Interviews, wie in der RWTH Aachen oder im Deutschlandfunk, sowie in einer Veröffentlichung der Bundeszentrale für Politische Bildung, kann Niehr zum Thema „Sprache von Populisten" ausschließlich Populisten im rechten Politspektrum erkennen.[78] Thomas Niehr ist 1. Vorsitzender der Arbeitsgemeinschaft Sprache in der Politik, einem Verein, der es sich zur Aufgabe gemacht hat, „die sprachkritische Diskussion in der Öffentlichkeit zu fördern." Der Themenbereich der in dieser Vereinigung zusammengeschlossenen Sprachwissenschaftler könnte also durchaus noch ausgeweitet werden. Es bietet sich beispielsweise an, die inflationäre, unreflektierte Verwendung des Begriffs Populismus in den Medien zu untersuchen und dabei aufzuzeigen, warum Populismus eine Schandbezeichnung ist und die Medien Populismus nie im linken politischen Spektrum entdecken.

Da die Sprache ein wichtiger Bestandteil des journalistischen Werkzeugkastens ist, lohnt es sich, die Wirkung der Sprache noch näher zu betrachten. Dazu ist ein kurzer Exkurs nützlich, der Erkenntnisse von Gustave Le Bon, einem französischen Mediziner, Anthropologen und Psychologen, repetiert, der vor mehr als 120 Jahren, 1895, ein Buch mit dem Titel „Psychologie der Massen" veröffentlicht hat, das keineswegs veraltet ist, sondern auch heute noch Aufschluss gibt über die Wirkung der Sprache.[79]

Le Bon untersucht in einem Kapitel seines Buches, welche Macht Worte auf die Phantasie der Massen hervorrufen und schreibt dazu, jene Worte seien die wirkungsvollsten, die unabhängig von ihrer wahren Bedeutung einen unbestimmten Sinn haben. Zu diesen Worten gehören Ausdrücke wie Demokratie, Gleichheit, Freiheit, deren Sinn so vage ist, dass dicke Bände nicht ausreichen, ihn zu bestimmen (S. 70). Zu ergänzen wären aus heutiger Zeit Begriffe wie „Kampf gegen rechts", „Soziale Gerechtigkeit", „Nazi" oder „Gleichstellung". „Mit Vernunft und Argumenten kann man gegen gewisse Worte und Formeln nicht ankämpfen. Man spricht sie mit Andacht vor den Massen aus, und sogleich werden die Mienen respektvoll und die Köpfe neigen sich", heißt es bei Le Bon (S. 71). Der Hauptnutzen dieser Worte bestünde darin, jenen, die von ihnen Gebrauch machen, das Denken zu ersparen. Man könne mit den Formeln und Gemeinplätzen ohne die ermüdende Notwendigkeit, über irgend etwas nachdenken zu müssen, durchs Leben gehen.

Und weil die Massen durch logische Argumente nicht beeinflussbar sind, wenden sich die Redner, sagt Le Bon, wenden sich die Politiker und Journalisten, ergänze ich, wenden sie sich stets an das Gefühl, niemals an die Vernunft (S. 79). „Die reine, einfache, aller Vernünftelei und alles Beweises bare Behauptung ist eines der sichersten Mittel, um der Massenseele eine Idee einzuflößen. (…) Die Behauptung hat aber nur dann wirklichen Einfluß, wenn sie ständig wiederholt wird, und zwar möglichst mit denselben Worten. (…) Bei genügender Wiederholung einer Behauptung und Einmütigkeit der Wiederholung (…) bildet sich das, was man eine geistige Strömung nennt. (…) Bei den Massen haben die Ideen, Gefühle, Affekte, Glaubenssätze eine so starke Ansteckungskraft wie die der Mikroben."

Auch heute noch werden die Erkenntnisse Le Bons übernommen und als aktuelle Handlungsanweisung an die ARD verkauft. Und nicht nur in der ARD werden seine Betrachtungen zur Methode.

***

„Gleichschaltung und Herdentrieb sind so stark wie seit Adolf nicht mehr."

In Anbetracht des Einflusses der Journalistenverbände, in denen sich jeweils geistesverwandte Mitglieder zusammenfinden, in Anbetracht der gleichförmigen Informationsbeschaffung in „Hintergrundgesprächen" im Rahmen der Verbandsaktivitäten und in Anbetracht der von Journalistenverbänden und anderen Vereinigungen geförderten stereotypen sprachlichen Ausrichtung verwundert es nicht, wenn eine manifeste Homogenität der Berichterstattung in den Medien festzustellen ist. Neurowissenschaftler kämen vermutlich zu der medizinischen Diagnose, die Mainstream-Journalisten litten an Echolalie, dem Zwang, Worte oder Phrasen anderer in leicht abgewandelter Form nachzusprechen. Unbemerkt bleibt die ausgeprägte Neigung zur Homogenität in der Berichterstattung nicht.

Frank-Walter Steinmeier, zu der Zeit noch Bundesaußenminister, heute Bundespräsident, äußert seine Erkenntnis über die Konformität des Journalismus, als er anlässlich der Verleihung der Lead Awards in Hamburg am 14. November 2014 sagt, er habe den Eindruck, dass der „Meinungskorridor" schon mal breiter gewesen sei: „Es gibt eine erstaunliche Homogenität in deutschen Redaktionen, wenn sie Informationen gewichten und einordnen. Der Konformitätsdruck in den Köpfen der Journalisten scheint mir ziemlich hoch. Das Meinungsspektrum draußen im Land ist oft erheblich breiter."

Sogar in der eigenen Branche gibt es Zeichen von Selbstreflexion. Die Chefredakteurin des „Spiegel Online", Barbara Hans, schreibt in einem Essay, basierend auf der Eröffnungsrede zur Dverse Media Konferenz in Hamburg (kein Schreibfehler, der Club nennt sich wirklich so), die Journalisten hätten sich von den Lesern entfernt, „wir in den Redaktionen sind gefangen in unseren eigenen Filterblasen."[80] Die Homogenität in den Redaktionen, biografisch und ökonomisch, habe zur Entfremdung von den Lesern beigetragen, sie, die Homogenität, sei Ausdruck der „eigenen Arroganz".

„Wer sich ein vollständiges Bild machen will, ist gut beraten, sich nicht nur auf die Mainstream-Medien zu verlassen, sondern auch andere Informationsquellen heranzuziehen", kritisiert Julian Nida-Rümelin, Professor für Philosophie und politische Theorie an der Universität München, ehemals Kulturstaatsminister, die Mainstream-Medien in einem Essay in der „Süddeutschen Zeitung". Im Blick hat er dabei die gleich ausgerichtete Berichterstattung der Mainstream-Medien zum Ukraine-Konflikt im Jahr 2014, die eine einseitige Meinungsmache betrieben hätten.[81] Zu einem ähnlichen Resümee über die uniforme Berichterstattung von „Tagesspiegel", „FAZ" oder „Spiegel" kommt Gabor Steingart, zu der Zeit noch „Handelsblatt"-Herausgeber, der befindet: „Das Meinungsspektrum wurde auf Schießschartengröße verengt."[82] Ergänzend schreibt Steingart: „Blätter, von denen wir eben noch dachten, sie befänden sich im Wettbewerb der Gedanken und Ideen, gehen im Gleichschritt (...). Westliche Politik und Medien sind eins." Im Februar 2018 entlässt Dieter von Holtzbrinck, Mehrheitseigner des „Handelsblatts", den Journalisten Steingart.

Das Fazit zu diesen Erkenntnissen einiger selbstkritischer Journalisten hat der freie Journalist Tom Schimmeck schon vorab im Jahr 2009 geschrieben, zu einem Zeitpunkt, bevor es mit den Medien richtig steil bergab geht: „Gleichschaltung und Herdentrieb sind so stark wie seit Adolf nicht mehr."[83]

Wer „gleichgeschaltet" identische Wörter und Phrasen verwendet, dürfte nicht erstaunt sein, wenn die eigene Glaubwürdigkeit in Frage gestellt wird. Wie es um die Glaubwürdigkeit der Medien bestellt ist, zeige ich im nächsten Kapitel, das, ich bitte um Nachsicht, sehr viele Zahlen enthält. Trotz der vielen, manchmal möglicherweise verwirrenden Zahlen, zeigt sich ein eindeutiges Ergebnis.

6. Die Glaubwürdigkeit der Medien

Die Glaubwürdigkeit der Medien ist beschädigt, und es geht weiter bergab mit dem Vertrauen des Publikums, zeigen Umfrageergebnisse. Aber auch die kann man manipulieren.

Das Meinungsforschungsinstitut infratest dimap kommt im Oktober 2015 bei einer Befragung von 750 Wahlberechtigten zu dem Ergebnis, dass 37 Prozent der Befragten erklären, ihr Vertrauen in die deutschen Medien sei in den letzten Jahren gesunken.[84] Ein höherer Prozentsatz, nämlich 42 Prozent der Befragten, hält die Informationen in den deutschen Medien sogar alles in allem für nicht glaubwürdig. Das mangelnde Vertrauen der Befragten in eine unabhängige Berichterstattung wird in ihrer Antwort auf die Frage, ob es Vorgaben vom Staat und der Regierung gäbe, worüber zu berichten sei, deutlich: 42 Prozent meinen, es gäbe Vorgaben für die Medien. In der gleichen Größenordnung liegt der Anteil der Zweifelnden (39 Prozent), die meinen, dass in den deutschen Medien immer oder häufig die Unwahrheit gesagt wird, also, um es mit meinem Wort deutlich zu sagen, gelogen wird.

Das Ergebnis der Umfrage stellt den Medien ein schlechtes Zeugnis aus, das bei einer späteren Befragung vermutlich noch verheerender ausgefallen wäre, weil zum Zeitpunkt der Umfrage im Oktober 2015 die Jubelberichte über den unkontrollierten Massenzustrom von Migranten gerade erst beginnen. Im Herbst 2015 erleben die Bürger noch nicht in voller Deutlichkeit die Diskrepanz zwischen der veröffentlichten Darstellung über den Migranten-Zustrom, der sich nach der Gewissheit vor allem der Leitmedien positiv auf die Gesellschaft und die ökonomischen Verhältnisse auswirken wird und den dieser Darstellung entgegenstehenden eigenen Eindrücken des Publikums, die darin bestehen, dass hunderttausende nicht integrationsfähiger oder integrationswilliger Migranten das gesellschaftliche und ökonomische Leben nachteilig beeinflussen. Vorsichtshalber vermeidet der WDR eine Frage zur Glaubwürdigkeit der Medien, etwa in der Art, dass die Befragten die Berichterstattung zum Thema Migrantenzustrom zu beurteilen hätten.

Einen Beweis dafür, dass ein solides Misstrauen den Berichten der Medien gegenüber angebracht ist, liefert der WDR im Februar 2018, als die Fernsehanstalt meldet, die Glaubwürdigkeit der Informationsangebote der deutschen Medien sei deutlich gestiegen. „65 Prozent der deutschen Bürgerinnen und Bürger schätzen das Informationsangebot von Radio, Fernsehen, Zeitungen und Zeitschriften in Deutschland als glaubwürdig ein", schreibt der WDR in seiner „Presselounge".[85] Diese Aussage ist, gelinde gesagt, beschönigend, wie ein Blick in die Einzelergebnisse der Untersuchung zeigt.[86]

Es kann davon ausgegangen werden, dass die verkündete Zufriedenheitsbilanz keineswegs die Ergebnisse einer möglichen Befragung zum Vertrauen in die Berichterstattung zu politischen Themen widerspiegelt, denn vernebelnd fragt infratest dimap für den Auftraggeber WDR nach dem Gesamtangebot der Medien, also zu den Themen Sport, Kultur, Politik oder Wissenschaft, nicht aber differenziert zu Einzelthemen. Die Befragten mögen den Informationen über sportliche, wissenschaftliche und kulturelle Ereignisse vertrauen, nicht aber denen über politische Vorgänge, sodass eine undifferenzierte Zusammenfassung ein Vertrauensvotum ergibt, das gerade den kritischen Bereich der Politikfelder ausspart.

Es hätte dem WDR auch gut angestanden, eine eher unrühmliche Erkenntnis der Befragung herauszustellen, nämlich, dass 40 Prozent der Befragten glauben, Staat und Regierung gäben den Medien vor, worüber berichtet werden solle. Insbesondere der öffentlich-rechtliche Rundfunk, für den Zwangsabgaben zu bezahlen sind, steht im Verdacht, nach Vorgaben von Staat und Regierung zu berichten. Diese Ergebnisse, die im Vergleich mit den

Befragungen zu früheren Jahren in etwa stabil sind, dokumentieren ein Armutszeugnis für die Medien, denn die Befragung macht deutlich, dass die Medien nach dem Eindruck der Befragten mit Kritik an Staat und Regierung sehr sparsam umgehen. Damit unliebsame Antworten von vornherein unterdrückt werden, haben es die Auftraggeber vermieden, Fragen zur Objektivität oder der Unparteilichkeit der Medien zu stellen. Die Einschätzung der Befragten hätte zu unerwünschten Ergebnissen führen können.

Ein Beispiel für Befragungen mit gesteuerten Ergebnissen bietet die ARD/ZDF-Langzeitstudie Massenkommunikation, die unter anderem die Frage nach der empfundenen Objektivität und der Wahrheitstreue von Fernsehen, Radio und Tageszeitung beantworten soll. Beides, die Objektivität und die Wahrheitstreue, werden als sehr gering eingeschätzt. Die Bewertung der Wahrheitstreue des Fernsehens geht von 47 Prozent in 1970 auf 20 Prozent in 1995 zurück, die Bewertung der Objektivität sinkt von 51 Prozent auf 20 Prozent. Die Zahlen für die Tageszeitungen sehen nicht besser aus. 1970 bescheinigen 32 Prozent der Befragten den Zeitungen Wahrheitstreue, 1995 nur noch 20 Prozent, Objektivität billigen 1970 noch 31 Prozent den Tageszeitungen zu, 1995 nur noch 15 Prozent. Eine Retusche dieses kümmerlichen Bildes ist notwendig. Und es wird nachgebessert.

In den folgenden Jahren geht es, auf den ersten Blick erstaunlich, wieder steil bergauf mit dem Image der Medien, denn das Fernsehen wird 2015 von 31 Prozent der Befragten als objektiv eingeschätzt, ebenfalls 31 Prozent halten das Fernsehen für glaubwürdig. Die Tageszeitungen steigen in gleichem Maße im

Ansehen.[87] Die Erklärung für den prächtigen Image-Gewinn der Medien ist ganz einfach: Die Fragestellung wird geändert. Aktuell wird nicht mehr nach der absoluten Einschätzung zur Qualität der Medien gefragt, sondern die relative Glaubwürdigkeit von Fernsehen, Radio, Zeitung, Zeitschrift oder Internet wird untersucht.[88] Immer wird sich ein Medium finden, das unglaubwürdig wirkt, oft gehört das Internet zu diesen Kandidaten, und die verbleibenden Medien wirken umso glaubwürdiger.

Sehr kühn ist die Interpretation einer von der GfK MCR für die ARD durchgeführten Studie, die der Auftraggeber, also die ARD, als „Akzeptanzstudie" bezeichnet.[89] Die 1502 befragten Bürger haben nicht Fragen nach der Akzeptanz der ARD-Angebote beantwortet, sondern Fragen nach der Reichweite der ARD im Fernsehen, Hörfunk und Online. Danach erreicht die ARD beispielsweise täglich rund 80 Prozent der Bürger über 14 Jahren, 66 Prozent halten den ARD-Verbund persönlich für sehr wichtig oder wichtig. Für junge Menschen zwischen 14 und 29 Jahren sind die ARD-Angebote nur zu 46 Prozent sehr wichtig oder wichtig. Ob nun Sportsendungen oder politische Sendungen als wichtig erachtet werden, weiß außerhalb der Gruppe der Beteiligten niemand. Welche Einzelfragen gestellt worden sind und wie die Antworten darauf sind, verschweigt die ARD, so dass aus den veröffentlichten Zahlen nichts über die Akzeptanz abgeleitet und die Schlussfolgerung der ARD somit nicht nachvollzogen werden kann. Der Intendant des Bayerischen Rundfunks, Ulrich Wilhelm, verkündet, die „ARD ist das Medium, das am meisten Menschen verlässlich erreichen kann" und setzt mit dieser grenzwertigen Aussage Verlässlichkeit und Reichweite gleich.[90]

Es führte an dieser Stelle zu weit vom Thema ab, wenn ich die manipulativen Ansätze der Befragungen und ihrer Präsentationen im einzelnen weiter erläuterte. Es ist jedoch nach der kurzen Beschreibung der Vorgehensweise der Meinungsforschungsinstitute festzuhalten, dass Befragungen durchgeführt und Ergebnisse veröffentlicht werden, die von vornherein geschönt sind.

Im Übrigen ist an keiner Stelle der Befragungen definiert, was unter dem Begriff Vertrauen zu verstehen sei, einem Begriff, der eine empirisch nicht fassbare Größe umreißt und zahlreiche Deutungen zulässt, wie beispielsweise Seriosität, Integrität oder Verlässlichkeit. Insofern sind die Ergebnisse der Befragungen von vornherein obsolet, denn sie sind uneindeutig. Bedenkenlos werden in den Befragungen zudem die Begriffe Vertrauen und Glaubwürdigkeit nebeneinander oder gleichzeitig verwendet, ohne Definitionen oder Abgrenzungen zwischen diesen Termini aufzuzeigen.

Dennoch möchte ich hier das Ergebnis einer Befragung aufzeigen, die allerdings unter denselben eben beschriebenen Vorbehalt der Uneindeutigkeit fällt und daher nicht allzu ernst zu nehmen ist: Der GfK Verein hat im Jahr 2017 nach dem Vertrauen in verschiedene Berufsgruppen gefragt und stellt danach fest, dass in Deutschland 96 Prozent der Befragten Feuerwehrleuten vertrauen, aber lediglich 38 Prozent vertrauen Journalisten. Noch geringer ist lediglich das Vertrauen in Profisportler, Werbefachleute, Versicherungsvertreter und Politiker (14 Prozent), die am Ende der Berufsgruppen liegen.[91] Das Vertrauen in Meinungsforscher, das eigene Metier, hat der GfK Verein nicht ermittelt.

Das Meinungsforschungsinstitut Civey, erst 2015 mit dem Ziel gegründet, allen Menschen Zugang zu repräsentativer Meinungsforschung zu geben, befragt ein Jahr lang Bürger nach ihrem Vertrauen in die Presse. Im Ergebnis stellt das Institut im Mai 2018 fest, dass die Mehrheit der Deutschen kein Vertrauen in die Presse hat (53,3 Prozent, 10,9 Prozent haben keine Antwort) und dass nur unter den Grünen-Anhängern und unter den SPD-Anhängern eine Mehrheit der Presse vertraut (SPD 59,5 Prozent, Grüne 68,8 Prozent).[92] Die FDP-Anhänger sind weniger vertrauensselig (34,7 Prozent), AfD-Anhänger bringen nur zu 4,7 Prozent der Presse Vertrauen entgegen. AfD-Anhänger schenken auch mit deutlicher Mehrheit den Nachrichten des öffentlich-rechtlichen Fernsehens keinen Glauben (82,8 Prozent), während immerhin mehr als die Hälfte aller Befragten (54,2 Prozent) die Berichterstattung im öffentlich-rechtlichen Fernsehen für glaubwürdig hält.

Parteianhänger der Grünen und der SPD schenken also mit Mehrheit der Presse Glauben. Es kann vermutet werden, dass Journalisten kräftig zu dieser Einschätzung beitragen, denn unter ihnen zeigen sich deutliche Präferenzen für die Grünen und die SPD. Eine vom Hamburger Institut für Journalistik im Jahr 2005 durchgeführte Umfrage unter Journalisten hat ergeben, dass 36 Prozent der befragten Journalisten den Grünen zuneigen und 26 Prozent der SPD, lediglich 20 Prozent behaupten von sich, keine Parteipräferenzen zu haben.[93] Zu einem ähnlichen Ergebnis kommt eine Studie aus dem Jahr 2006 mit dem schönen Titel „Die Souffleure der Mediengesellschaft", die feststellt, dass 36 Prozent der Journalisten grünorientiert sind und 25 Prozent sich als SPD-affin bezeichnen.[94] Die Welt der Journalisten ist nach eigener Einschätzung der Medienschaffenden in bester Ordnung, denn 46 Prozent von ihnen meinen, ihre eigene politische Einstellung entspräche in etwa derjenigen des Publikums.[95] Dies dürfte jedoch eine gehörige Selbsttäuschung sein und nicht unbeträchtlich dazu beitragen, dass die Glaubwürdigkeit des Berufsstandes leidet und die Seriosität journalistischer Botschaften in Zweifel gezogen wird. Die eigenen Präferenzen der Journalisten spiegeln sich, auch wenn sie sich selbst als neutral bei ihrer Arbeit einschätzen, in der Berichterstattung wider, denn es lässt sich nur schwerlich unabhängig gegen die eigene Überzeugung argumentieren. Die Gleichgesinnten sind erfreut, diejenigen jedoch, die andere parteipolitische Vorlieben haben, glauben den Medien nicht.

Der Medienwissenschaftler Michael Haller stellt der Branche ein schlechtes Zeugnis aus, als er, im Auftrag der Otto-Brenner-Stiftung, einem eher im linken Politikspektrum angesiedelten Institut, nach der Auswertung von 30.000 Artikeln zur Migrationskrise zu dem Ergebnis kommt: „Statt als neutrale Beobachter die Politik und deren Vollzugsorgane kritisch zu begleiten und nachzufragen, übernahm der Informationsjournalismus die Sicht, auch die Losungen der politischen Elite. Die Befunde belegen die große Entfremdung, die zwischen dem etablierten Journalismus und Teilen der Bevölkerung entstanden ist."[96] Niemand dürfte sich wundern, dass das Publikum sich zunehmend in Abstinenz übt.

Das Publikum reagiert mit Zurückhaltung am Zeitungskiosk. Jahr für Jahr sinkt die Zahl verkaufter Zeitungsexemplare...

Die oben beschriebenen geschönten Ergebnisse der Befragungen nach der Glaubwürdigkeit der Medien sind zwar an einigen Stellen im Sinne der Auftraggeber bearbeitet worden, um die Erfolge der Kunden herauszustellen. Es lässt sich jedoch trotz der lenkenden und einebnenden Einflüsse nicht übersehen, dass das Ansehen der Medien brüchig ist. Ihr beschädigtes Bild in der Öffentlichkeit dürfte ein wesentlicher Grund dafür sein, dass die verkauften Auflagen der Zeitungen und Zeitschriften seit vielen Jahren deutlich zurückgehen und das Fernsehen, zumindest bei jüngeren Zuschauern, auf immer geringeres Interesse stößt.

Im Jahresvergleich 2017/2018 geht für fast alle Zeitungen und Zeitschriften der Verkauf deutlich zurück. Manche Presseerzeugnisse verlieren vom 1. Quartal 2017 auf das 1. Quartal 2018 sogar im zweistelligen Prozentbereich, so wie beispielsweise die „B.Z" (-12,5 Prozent), der „Berliner Kurier" (-11,6 Prozent) oder die „Hamburger Morgenpost" (-14,5 Prozent). Auch die „Bild"-Zeitung, die sich mit ihrer zu der Zeit verkauften Auflage von 1,4 Millionen Exemplaren erstaunlich zäh zeigt, verliert 12,3 Prozent.

Auch im längerfristigen Vergleich sinken die verkauften Auflagen der Zeitungen. So geht zum Beispiel der Verkauf der „Süddeutschen Zeitung" (Montag bis Freitag, einschließlich E-Paper) von 411.000 Exemplaren im 4. Quartal 2000 um 75.000 Exemplare auf 336.000 Exemplare im 1. Quartal 2018 zurück. Die „Frankfurter Allgemeine Zeitung" verkauft im Jahr 2000 noch 388.000 Exemplare, im Jahr 2018 sind es 150.000 weniger (238.000).[97]

Insgesamt hat sich die Zahl verkaufter Exemplare der Tageszeitungen in den letzten zwanzig Jahren in etwa halbiert. Im Jahr 1998 werden pro Tag etwa 30 Millionen Exemplare verkauft, im Jahr 2018 sind es nur noch etwa 15 Millionen (1. Quartal 2018: 15.718.772 Exemplare einschließlich verkaufter E-Paper-Exemplare). Der anfangs noch moderate Rückgang der verkauften Auflage von rund vier bis fünf Prozent pro Jahr beschleunigt sich auf jährlich rund 11 Prozent ab 2016 (1. Quartal 2018: minus 10,8 Prozent). In keinem der letzten 30 Jahre wächst die Zahl der verkauften Tageszeitungen.

Der Rückgang der Auflage wie auch sinkende Werbeeinnahmen (Rückgang von 6,5 Mrd. Euro im Jahr 2000 auf 2,4 Mrd. Euro im Jahr 2017) führen dazu, dass die Konzentration auf wenige große Verlagsgruppen im Pressemarkt zunimmt, denn die größeren Verlagsgruppen mit zahlreichen Einzeltiteln können die Kostenstruktur durch den Abbau von Personal in den einzelnen Redaktionen gegenüber einer Einzelzeitung deutlich verbessern, indem Zentralredaktionen für alle Titel der Gruppe eingerichtet werden. Und auch externe Redaktionen greifen auf Produktionen von Zentralredaktionen zurück, um wirtschaftlich zu überleben. Der betriebswirtschaftliche Effekt ist positiv, die Vielfalt im Zei-

tungsmarkt leidet jedoch. Der publizistische Einfluss der großen
Verlagsgruppen steigt.[98]

* * *

... und auch das Fernsehen zeigt Anzeichen einer drohenden Agonie.

„Ist das Fernsehen tot?", fragt die „Zeit" im April 2016.[99] Einer eindeutigen Antwort geht die Gazette aus dem Weg, jedoch viele der Leserbriefe zu diesem Zeitungsartikel zeigen eine deutliche Antwort. Es reiche zur Beantwortung der Frage, schreibt ein Kommentator, die „Glotze" anzuschalten, um zu der Erkenntnis zu gelangen, dass das Fernsehen tot sei. Und wer es im Übermaß schaue, sei ebenfalls tot, ergänzt ein Leser.

Ob das Fernsehen tot ist, lässt sich nicht eindeutig ermitteln. Zwar veröffentlicht die Arbeitsgemeinschaft AGF Videoforschung regelmäßig Zahlen zur täglichen Dauer des Fernsehkonsums einzelner Bevölkerungsgruppen und den jeweiligen prozentualen Anteilen der Fernsehsender am Gesamtkonsum, jedoch ist das Verfahren zur Datenermittlung ungenau und erlaubt allenfalls grobe Abschätzungen zur Fernsehdauer und zu den Quoten. Die Aussagekraft der veröffentlichten Zahlen zum Fernsehkonsum ist im Vergleich zu den exakten Daten der verkauften Zeitungen und

Zeitschriften wenig valide, da sie auf Stichprobenuntersuchungen basieren (5000 Haushalte mit einem deutschsprachigen Haupteinkommensbezieher) und lediglich ermittelt werden kann, welche Fernsehprogramme der Fernseher empfängt. Ob die jeweils für eine Sendung angemeldeten Personen (bis zu 16 Haushaltsmitglieder und bis zu 16 Gäste, die Geschlecht und Alter angeben sollen) tatsächlich fernsehen, lässt sich nicht ermitteln.

Die Arbeitsgemeinschaft Videoforschung veröffentlicht Zahlen über die Sehgewohnheiten der Bürger. Danach ist die durchschnittliche Sehdauer pro Person in den letzten Jahren stabil geblieben, sie liegt für alle Altersgruppen und alle Sender bei rund 220 Minuten pro Tag, also bei rund dreidreiviertel Stunden. Diese unglaubliche Ausdauer, sich stundenlang vom Fernsehen einlullen zu lassen, ist in den einzelnen Altersgruppen unterschiedlich ausgeprägt. Vor allem die über 50-Jährigen sitzen täglich mehr als 5 Stunden vor dem Fernseher (316 Minuten), die 14-29-Jährigen ertragen das Fernsehen nur eine eindreiviertel Stunde.[100]

Das Publikum erfreut sich vor allem an Fußball und „Tatort"-Sendungen. Von den 20 meistgesehenen Sendungen im Jahr 2017 sind 10 Sendungen Übertragungen von Fußballspielen, 8 Sendungen zeigen „Tatort"-Kriminalfilme. Jeweils um die 10 Millionen Zuschauer sitzen dann behaglich in ihrem Sessel vor dem Fernseher und lassen sich unterhalten, beim Fußballspiel Chile gegen Deutschland am 2. Juli 2017 sind es sogar knapp 15 Millionen Zuschauer, die eineinhalb Stunden lang das Spiel ansehen, 10 Millionen sehen auch die Moderation vor und nach dem Spiel, die ebenfalls eineinhalb Stunden dauert. Millionen Zuschauer schaffen es, drei Stunden lang vor dem Fernseher durchzuhalten und sich von „Experten", denn nur solche kommentieren Mannschaftsaufstellungen, Spielszenen oder Belanglosigkeiten, ein Fußballspiel erläutern zu lassen. Im Vorhinein werden ihnen die Chancen erklärt, und im Nachhinein erfahren sie, warum das Spiel gewonnen oder verloren worden ist. Lediglich eine einzige Informationssendung, die „Tagesschau" am 24. September, schafft es im Jahr 2017, in die Liste der zwanzig meist gesehenen Sendungen aufgenommen zu werden. In den Vorjahren ist das Bild ähnlich: Fußball und „Tatort" finden die meisten Zuschauer.

Nachrichtensendungen und Talkshows haben deutlich weniger Zuschauer. Die durchschnittliche Zuschauerzahl der „Tagesschau" liegt 2017 bei 5,2 Millionen, die ZDF-heute-Sendung sehen durchschnittlich 3,7 Millionen Zuschauer.[101] Unter den Talkshows schneidet 2017 die Talkshow „Anne Will" am besten ab mit im Mittel rund 4,1 Millionen Zuschauern, „Hart aber fair" liegt mit durchschnittlich 3 Millionen Zuschauern deutlich niedriger, etwa in gleicher Zuschauergunst wie „Maybritt Illner" mit 2,8 Millionen Zuschauern. Abgeschlagen ist Sandra Maischberger mit der Talkshow„Maischberger" (1,5 Millionen Zuschauer).[102]

In den Talkshows plagt eine kleine Schar Politiker, vornehmlich aus dem linken Politik-Spektrum, das Fernseh-Publikum mit ihrer Besserwisserei. Immer wieder tauchen die selben Gesichter auf dem Fernsehschirm auf.

Das relativ geringe Zuschauerinteresse mag zum einen etwas mit dem Vorbehalt der Zuschauer vor politischen Themen zu tun haben, zum anderen aber auch deshalb, weil Ermüdungserscheinungen auftreten, wenn immer wieder die selben Talkshow-Gäste das Publikum enervierend mit Polit-Sprech bevormunden. Sahra Wagenknecht muss 2017 zehnmal ertragen werden, ebenso häufig wie die dauerlächelnde Ursula von der Leyen. Neunmal schaffen es unter anderem Cem Özdemir, Wolfgang Kubicki und Peter Altmaier auf die Gästelisten. Die Dauer-Gäste der Talk-Shows ermüden das Publikum mit ihrer gemeinsamen Attitüde, alles besser zu wissen, sich strikt einem Gespräch zu entziehen, Fragen nicht zu beantworten und für ihre Darstellung keine Gesprächspartner zu benötigen.[103]

Im Jahr 2018 haben die Vorsitzenden der Grünen, Robert Habeck und Annalena Baerbock, die meisten Talkshow-Auftritte im öffentlich-rechtlichen Fernsehen. Habeck kann in den vier Talkshows „Maischberger", „Anne Will", „Hart aber fair" und „Maybritt Illner" insgesamt dreizehn Mal für die Grünen werben, seine Mit-Vorsitzende der Grünen, Annalena Baerbock, erhält zehn Mal die Gelegenheit, ihre sehr speziellen Antworten auf politische Fragen zu geben. Der AfD-Vorsitzende Alexander Gauland vertritt eine Partei, die offenbar im Gegensatz zu den Grünen nicht auf der Linie der Talkshow-Gestalter liegt, denn zu den insgesamt 133 Folgen der vier Talkshows im Jahr 2018 erhält Gauland nur dreimal eine Einladung.[104]

Vor hundert Jahren, 1919, hat Max Weber in einem Vortrag vor dem Freistudentischen Bund beschrieben, welche Wirkung die Parteilichkeit in einem Diskurs habe. Weber trennt deutlich zwischen der politischen Analyse und der Parteilichkeit: Die politische Analyse und die praktisch-politischen Stellungnahmen seien zweierlei. Letztere, die praktisch-politischen Stellungnahmen seien nicht „Pflugscharen zur Lockerung des Erdreiches kontemplativen Denkens, sondern Schwerter gegen die Gegner: Kampfmittel."[105] Kontemplatives Denken ist in den Talkshowas nicht gefragt, intellektuelle Rechtschaffenheit ebenfalls nicht, und offenbar erwartet das Publikum diese seltenen Tugenden auch nicht. „Schwerter gegen die Gegner" werden eingesetzt und Schwertschläge, mögen sie auch noch so unfair geführt werden, beklatscht das Publikum. Und der Beifall fällt besonders stark aus, wenn hofhörige Schwertkämpfer ihre Kampfmittel einsetzen.

Die Einseitigkeit der Darstellerauswahl für Talkshows lässt keine Zweifel darüber aufkommen, ob die Fernsehanstalten die gebotene Neutralität wahren. Die Erkenntnis lautet, Neutralität ist nicht gefragt, Politik wird als Unterhaltung verstanden, und nicht einmal mehr im Ansatz machen die Moderatoren den Versuch, einen Hauch von Journalismus in die Sendungen zu bringen. Die Talkshow-Sendungen werden professionell vorbereitet, die Zuschauer im Studio sind häufig ebenfalls professionelle Besucher, die gegen einen Eintrittspreis von zwölf Euro plus drei Euro Buchungsgebühr („Anne Will") oder zwölf Euro inklusive Bearbeitungspauschale („Maybritt Illner") auf die jeweiligen Sendungen vorbereitet werden und an den richtigen Stellen die Statements „ihrer" Politiker frenetisch beklatschen. Es geht in den Talkshows nicht um Gespräche, in denen der Zuschauer ergebnisoffen Thesen und Antithesen erfährt, sondern um professionelle Inszenierungen, in denen das Ergebnis im Vorhinein feststeht und unangenehme Statements in Vorbesprechungen, also einem „Casting", ausgeschlossen werden. Henryk M. Broder beschreibt seine Erfahrung, wie eine septisch reine Sendung, „hart aber fair", inszeniert wird.

Broder ist am 12. Mai 2014 als Talkshow-Gast zu dem Thema eingeladen worden, ob die EU-Gegner vor einem Triumph stünden. Broder hat am selben Tag in der „Welt" einen Artikel veröffentlicht, in dem er die Praxis des EU-Parlamentspräsidenten Martin Schulz kritisiert, der täglich 304 Euro „Sitzungsgeld" steuerfrei erhält, egal, ob er zu Hause ein ruhiges Wochenende verbringe oder an SPD-Vorstandssitzungen in Berlin teilnehme, und der gleichzeitig den Slogan „Ein Europa der Menschen. Nicht des Geldes" propagiere.[106] Frank Plasberg, der „hart aber fair"-Moderator, habe Broder gebeten, dieses Thema in der Sendung nicht zu erwähnen, denn es gelte, Ärger mit der SPD zu vermeiden, die in dieser Sendung nicht vertreten sei, ich ergänze, die ihren Abonnentenplatz in der Runde nicht erhalten hat. Broder kommt zu der Erkenntnis, die ihm sicherlich auch ohne die persönliche Erfahrung in einer Talkrunde schon bei flüchtigem Konsum der Talkshows als Zuschauer gekommen sein dürfte, dass die Gesprächspartner nach einem Proporzschlüssel ausgesucht werden und immer wieder die selben Gesichter zu sehen und ihre angepassten Statements mit leichten sprachlichen Variationen zu hören sind. Broder sagt, es seien Sätze von Leuten zu hören, „die in ihrer Meinungsbildung so frei sind wie die Moderatoren und Moderatorinnen, die einen Knopf im Ohr haben, über den sie aus der Regie ferngesteuert werden."[107]

Eine besondere Form der „Talk-Show", in der der geflissentliche Kniefall vor Politikern zelebriert wird, zeigt, auf welche Art der letzte Rest von Reputation verspielt wird. Anne Will gibt sich dazu her.

✳✳✳

Willfährig bietet Anne Will der Kanzlerin für ihre Agitation und Propaganda einen Platz im öffentlich-rechtlichen Fernsehen. Der Zuschauer wird mit einem unwürdigen Schauspiel traktiert.

Das Format der Talkshow wird dann gänzlich unglaubwürdig, wenn die Moderatorin Anne Will lediglich die Bundeskanzlerin alleine einlädt, um ihr im öffentlich-rechtlichen Fernsehen eigens nur solche Fragen zu stellen, oder besser Stichworte zu geben, die der Kanzlerin genehm sind und ihr die Möglichkeit bieten, sich in ihrem Sinn unbehelligt von kritischen Anmerkungen an das Fernsehpublikum zu wenden. Ein Musterbeispiel für eine derartige willfährige Medienveranstaltung ist die „Anne Will"-Sendung vom 10. Juni 2018.

Wie immer bei den Talkshows jeglicher Machart im Deutschen Fernsehen, zeigt sich in den Sendungen, für die ein ausgewähltes Publikum die Kulisse bilden darf, eine kaum zu bremsende Begeisterung unter den Zuschauern. Mehr als 30 Mal werden in dieser Sendung Bilder aus dem Publikum eingeblendet, einem Publikum, das die Ausführungen der Kanzlerin zustimmend, kopfnickend, lächelnd, manchmal mit enthusiastischem Applaus begleitet.

Die Regie der Fernsehsendung ist offenbar gut vorbereitet zu den Auslassungen Merkels. Zu der Aussage der Kanzlerin, sie lasse sich bei internationalen Verhandlungen, konkret beim G7-Gipfel in Kanada kurz zuvor, „nicht über den Tisch ziehen", zeigt die Regie ein Foto aus der Konferenz, auf dem die Kanzlerin zu sehen ist, stehend, mit beiden Händen auf einen Tisch gestützt, auf den vor ihr am Tisch mit verschränkten Armen sitzenden US-Präsidenten Donald Trump einredend. Dieses Foto, das der Fotograf des Bundespresseamts Jesco Denzel gemacht hat und das vom Regierungssprecher Steffen Seibert per Twitter verbreitet worden ist, soll illustrieren, dass die Kanzlerin dem US-Präsidenten deutlich Paroli bietet.

Bei näherer Betrachtung des Fotos zeigt sich allerdings, dass Trump die Kanzlerin gar nicht ansieht und ihr offenbar auch nicht zuhört. Diesen Eindruck stützen weitere Fotos anderer Bildreporter. Mehrere Bilder, Sekunden vor oder nach dem vom Regierungssprecher verbreiteten Bild fotografiert, zeigen aus anderer Perspektive, dass neben der Bundeskanzlerin der kanadische Ministerpräsident Trudeau, der französische Präsident Macron und die britische Ministerpräsidentin May stehen, zu denen Trump hinblickt. Die Pressestellen der übrigen sechs Teilnehmer der G7-Konferenz stellen ebenfalls ihren jeweiligen Regierungschef in den Vordergrund ihrer veröffentlichten Fotos. Problematisch ist aber, das genau das Propagandafoto der Bundespressestelle in dem Moment in die Talkshow des öffentlich-rechtlichen Fernsehens eingeblendet wird, als die Kanzlerin erklärt, sie lasse sich nicht über den Tisch ziehen. Die Kanzlerin goutiert die Einblendung der Bilder, denn sie weist deutlich auf das Foto der Bundespressestelle hin, als sie sagt, dass „bisher nur das eine Bild eingeblendet" sei, das Foto, das die Situation, zeige, als „wir gerade über Kompromisse verhandelt" haben. In diesem Augenblick wird das andere Foto, das sie offensichtlich bereits erwartet, gezeigt, das die Kanzlerin und den US-Präsidenten im Gespräch abbildet. Lange zweieinhalb Minuten ist dieses Bild dann im Hintergrund zu sehen. Im Verlauf der Sendung haben die Zuschauer später noch einmal die Möglichkeit, sich an diesem Foto zu erfreuen.

Übrigens: Das Bild, das zeigen soll, wie die Kanzlerin den US-Präsidenten beeindruckt, findet in weiteren ARD-Sendungen, wie beispielsweise in der „Tagesschau", einen herausragenden

Platz, aber auch diverse andere Medien, wie „Spiegel-Online" oder „Focus Online" verbreiten das Foto des Bundespresseamts, das laut „Focus" als „Symbolbild für den G7-Gipfel in Kanada gefeiert" wird. Wer feiert, erfahren wir nicht, aber gewiss ist, dass Steffen Seibert, der Chef des Presse- und Informationsamtes der Bundesregierung, seine Chefin, wenn auch irreführend, ins rechte Licht gerückt hat. Und die Medien sind willige Helfer bei der Verbreitung einer frisierten Nachricht.

Fast zwei Drittel der Sendezeit widmet die Sendung „Anne Will" der Außenpolitik, für die Innenpolitik bleibt daher vergleichsweise geringe Zeit. Die Kanzlerin kann erklären, dass „man das Richtige tun" müsse, und richtig ist es, „Flüchtlinge aufzunehmen". Unbeirrt verharrt sie auf ihrer Position („Es gibt immer andere Meinungen, aber ich habe die meinige", sagt sie zum Schluß der Sendung, als es um die Frage geht, ob die Kanzlerin zur Fußball-Weltmeisterschaft nach Russland fahre), und sie lässt sich auch dadurch nicht von ihrer Sichtweise über die Richtigkeit ihrer Flüchtlingspolitik abbringen, dass dreihunderttausend Migranten gegen die Ablehnung ihrer Asylbescheide klagen und die Justiz an den Rand ihrer Leistungsfähigkeit bringen, denn dies zeige nur, „dass der Weg der Rechtsstaatlichkeit wirklich auch breit genutzt wird." Dies sieht die Kanzlerin offensichtlich als Erfolg ihrer Flüchtlingspolitik an.

Ohne Nachfrage der Moderatorin bleibt die Erklärung der Kanzlerin zum Thema Migrationspolitik, dass, Merkel zufolge, europäisches Recht Vorrang habe vor nationalem Recht. Die Bundeskanzlerin zeigt hier ein Rechtsverständnis, das dem Bestreben des Europäischen Gerichtshofs (EuGH) entspricht, der den Grundsatz des absoluten Anwendungsvorrangs europäischer Normen auch bei möglichen Kollisionen mit nationalem Verfassungsrecht verfolgt. Das Bundesverfassungsgericht (BVerfG) dagegen sieht den Grundsatz des relativen Anwendungsvorrangs, nämlich, dass es eine „mitgliedsstaatlich verankerte Volkssouveränität" gebe und die „Staaten Herren der Verträge bleiben." Das Bundesverfassungsgericht stellt im Urteil vom 30. Juni 2009 („Lissabon-Urteil", 2 BvE 2/08) heraus, dass das Europäische Parlament aufgrund eines „Demokratiedefizits" nicht zu maßgeblichen politischen Leitentscheidungen berufen sei und dass die Bürger der Mitgliedsstaaten der Europäischen Union die „Subjekte demokratischer Legitimation" bleiben.

Die Kanzlerin salbadert unbekümmert, dass sie in ihrer Politik ihre Auffassung weiterhin durchsetzen werde. Die Moderatorin geht nicht auf diese nonchalante eigenwillige Rechtsposition ein, sondern liest die nächste Frage von ihrem Zettel ab. Vielleicht aber, diese Vermutung drängt sich auf, hört die Moderatorin gar nicht zu, weil sie mit der Abarbeitung ihrer vorbereiteten Fragen beschäftigt ist. Wenn sie aufmerksam wäre, hätte sie nicht nur zu der eigenwilligen Rechtsauffassung der Kanzlerin nachfragen können, sondern auch dann, wenn der Fernsehzuschauer mit Lebensweisheiten, wie dieser beglückt wird: „Manchmal gibt es Durststrecken, die anschließend wieder gemocht werden." Es ist zu hoffen, dass diese verschwurbelte Sprache, deren Sinn nicht erkennbar ist, nicht auch ein Abbild der Denkprozesse der Bundeskanzlerin ist. Der Kolumnist der „New York Times", Bret Stephens, findet in seinem Artikel „Why Merkel must go" am 5. Juli

2018 ein deutliche Beschreibung für den Zustand der Kanzlerin: „Muddler", sie vermassele alles, sie wurstele sich durch und alles gerate in Unordnung. Die Zeiten seien zu ernst, um sie noch weiter gewähren zu lassen, denn sie werde als Zerstörerin der Europäischen Union in Erinnerung bleiben.[108]

Kritische Journalisten hätten aus den Einlassungen der Kanzlerin eine Sternstunde für Demokratie im Fernsehen machen können, indem sie die grundsätzliche Fragestellung zum Thema machten, ob europäisches oder nationales Rechts Vorrang habe. Anne Will aber fragt, das kleine Karo im Blick, ob sich Horst Seehofer oder die Kanzlerin mit ihren Vorschlägen zur Sicherung deutscher Grenzen (Seehofer) oder europäischer Grenzen (Merkel) durchsetzen. Anne Will verfolgt in ihrer Sendung einen anbiedernden Kurs, der deshalb mit verantwortungsvollem Journalismus nichts zu tun hat. „Mit nebensächlichen Dingen beschäftigt man die Menschen vorzugsweise: vom Wichtigen pflegt man zu schweigen", schreibt Heinrich Wuttke in seinem Buch „Die deutschen Zeitschriften und die Entstehung der öffentlichen Meinung" im Jahr 1875.[109]

Im Fazit lässt sich feststellen, dass es der Kanzlerin, unterstützt von der Moderatorin, gelingt, bei allen Themen, die in der Sendung angesprochen werden, sei es das Versagen des Bundesamtes für Migration und Flüchtlinge oder die fehlende Möglichkeit der Bundespolizei, Ausweise und Flugtickets von Migranten zu überprüfen, es die Kanzlerin und die Moderatorin also gemeinsam schaffen, jeden kritischen Punkt damit zu überpinseln, dass die Kanzlerin zwar mit Worten die Verantwortung für das

Staatsversagen übernimmt, ohne jedoch eine Frage nach Konsequenzen beantworten zu müssen. Der Schlussapplaus des Publikums im Studio ist, wie bei den drei vorhergehenden Talkshows der Bundeskanzlerin mit Anne Will in den vergangenen Jahren, anhaltend. Lächelnde Gesichter der Studiogäste zeigen: Es ist schön, Angela Merkel so nahe sein zu dürfen. Das Publikum ist mit sehr wenig zufrieden.

Die Lektüre dieses Kapitels mit vielen Zahlen und einem (kurzen) juristischen Exkurs hat den aufmerksamen Leser gefordert. Der Rückblick auf die staatstragende Anne-Will-Talkshow mit der Kanzlerin ist eine weitere Beanspruchung gewesen. Im folgenden Kapitel geht es zur Entspannung jetzt locker zu. Es darf gefeiert werden.

7. Die Branche feiert sich

Medienschaffende feiern sich selbst in eitler Darstellung.
Und sie feiern einen Reporterpreisträger für einen Text „von
beispielhafter Leichtigkeit, Dichte und Relevanz."

Am 3. Dezember 2018 feiert die Medienbranche in Berlin im
Tipi am Kanzleramt. In der großen Zeltbühne lassen es sich rund
400 „Medienschaffende" bei der Preisverleihung des 10. Deutschen Reporterpreises gut gehen. Der Preis für die beste Reportage wird bereits zum vierten Mal an einen Journalisten vergeben,
der nach jahrelangen Recherchen diesmal einen Text geschrieben
hat, der nach dem Urteil „prominent besetzter Jurys" ein „Stück
für die Lesebücher" sei. Der Text sei „von beispielhafter Leichtigkeit, Dichte und Relevanz, der nie offen lässt, auf welchen
Quellen er basiert", informiert das „Reporter Forum" auf seiner
Webseite am nächsten Tag.[110] Im Verlauf dieses Kapitels werde
ich auf den prämierten Text näher eingehen.

Der Deutsche Reporterpreis sei „so etwas wie der deutsche
Pulitzerpreis", verkündet das Reporter Forum auf seiner Websei-
te, in beklagenswertem Deutsch, aber mit beachtlichem Hochmut.
Da liegt wohl ein Missverständnis vor, denn ein Jahr zuvor, bei

der Eröffnungsrede zur Preisverleihung des Deutschen Reporter-preises 2017, hat Cordt Schnibben, langjähriger „Spiegel"-Journalist, angesichts der steigenden Anzahl der Einsendungen journalistischer Beiträge zum Reporterpreis gesagt, wenn sie, die Journalisten, „betrunken sind, dann stellen wir uns vor, dass wir irgendwann so etwas sein werden, wie der deutsche Pulitzerpreis." Der Applaus des Publikums zu dieser Bemerkung ist schwerlich einzuordnen: Ist das Publikum von der Aussicht, bald den deutschen Pulitzer-Preis zu verleihen, begeistert, oder hat es die feine Ironie von Cordt Schnibben verstanden? Die von Schnibben für die Erhöhung des Reporterpreises zum deutschen Pulitzerpreis vorausgesetzte Bedingung des übermäßigen Alkoholgenusses ist offenbar erfüllt, denn Schnibben weist bei der Veranstaltung im Jahr 2017 darauf hin, dass „dank großartiger Sponsoren reichlich Alkohol" vorhanden sei. Der Applaus der Zuhörer bestätigt die Anmerkung des Redners, der von einem Eingeweihten, dem ehemaligen „Spiegel"-Redakteur Matthias Matussek, als eine „gut vernetzte Betriebsnudel" charakterisiert wird.[111] [112]

Das sprachliche Abenteuer des Selbstlobes auf ihrer Webseite, das zu unfreiwilliger Komik führt, haben die Journalisten des Reporter-Forums nicht bemerkt, denn sie informieren über das Wirken der Journalistenvereinigung, das Reporter-Forum glaube daran, „dass das gute Beispiel der beste Weg zu besserem Journalismus ist, und zu Zeitungen, Zeitschriften und Websites, die so viele Leserinnen und Leser finden, wie sie verdienen." In der Tat: Sie haben so viele Leserinnen und Leser, „wie sie verdienen". Und es werden immer weniger.

Die Jury des Reporter Forums hat auch in diesem Jahr hart gearbeitet, wie der staunende Zuschauer auf der Webseite des Reporter Forums aus einem Video erfährt, das die Sitzungen für die Preisvergabe des Jahres 2018 dokumentiert. Im Hintergrund der Video-Slide-Show hören wir, verwundert, am eigenen Verstand zweifelnd, die Tonspur eines Filmes: Die Musik und die Dialoge eines Italo-Western, die von Ennio Morricone für die Duell-Szene im Film „Il Mercenario" komponierte dramatische Musik und die originalen Film-Dialoge - auf Italienisch. Musik und Dialoge begleiten im Video die schwierige Arbeit der Jury zur Ermittlung der Preisträger. Die Fotos der Slide-Show zeigen, dass offenbar leidenschaftliche Diskussionen stattfinden. Jury-Mitglieder blättern in wichtigen Papieren, sie malträtieren die Tastaturen ihrer Laptops und sie schreiben hastig Stichworte in ihre Notizblätter. Hier sind die Stützen der Gesellschaft versammelt.

Mit erhobenem Zeigefinger verschafft sich der ehemalige ZDF-Chefredakteur Nikolaus Brender Aufmerksamkeit. Gerade wird der Text von Peter Dausend „Mitten im Beben" aus der „Zeit" Nr. 9/2018 besprochen, der „Ein Parlament in Aufruhr" ausgemacht hat, weil die AfD im Deutschen Bundestag vertreten ist. Das Jury-Mitglied Sascha Lobo fällt mit seiner kunstvoll hochglänzend rot gefärbten Irokesen-Frisur auf, die mit großzügig verwendetem Haarfestiger in Form gebracht worden ist. Lobo echauffiert sich nicht nur bei der Diskussion um die möglichen Preisträger, sondern häufig auch bei anderen Gelegenheiten, so wie im Dezember 2018 im „Spiegel-Online", als er „Das Arschlochproblem der sozialen Medien" diagnostiziert und als führendes Arschloch Jack Dorsey, den Chef von Twitter, identifiziert hat.[113] Ulrich Matthes spielt als Schauspieler auch hier, im Diskussionsgremium, eine wichtige Rolle, denn er gestikuliert wild mit Armen und Händen. Eingeblendet wird der Zwischenstand der Voten für einen der möglichen Preisträger: Peter Dausend hat schon fünf Juroren überzeugt, wie die Strichliste auf einem der Notizblätter zeigt. Zwischendurch fallen Schüsse, nicht im Konferenzraum, sondern in der Arenaszene im Italo-Western „Il Mercenario" von Sergio Corbucci aus dem Jahr 1968, als Franco Nero nach dreimaligem Läuten einer Glocke das Zeichen zum Duell zwischen Tony Musante und Jack Palance gibt und die Kontrahenten auf einander schießen. Tony Musante wird verletzt, Jack Palance aber, der sich triumphierend als Sieger fühlt, wankt, aus einer weißen Nelke, die er am Revers seiner Jacke auf der Herzseite trägt, quillt Blut, er fällt um, ist tot. Die Slide-Show mit der Jury-Arbeit aber läuft weiter, die würdigsten Preisträger sind gefunden.

***

Bei der Verleihung der Preise des Jahres 2018 geht es entspannter zu. Der Zuschauer der Video-Slide-Show dieser Veranstaltung wird mit der Hintergrundmusik von Dimitri Shostakovich, der Jazz Suite No. 2-6, Waltz II des Royal Concertgebow Orchestra unter der Leitung von Riccardo Chailly in eine heitere Stimmung gebracht. Die Sekt-, Rotwein- und Weißweingläser (und auch Wassergläser) der Journalisten sind gefüllt, es werden Begrüßungsküsse ausgetauscht, zwischen bärtigen Herren untereinander, zwischen bärtigen Herren und Damen und zwischen Damen untereinander. Auf den strahlenden Gesichtern der Journalisten reflektiert das Scheinwerferlicht im Tipi am Kanzleramt, mal tiefblau, mal rot, mal farblich changierend. Für eine lockere Veranstaltung zum gegenseitigen Lob sind die Journalisten zur Verleihung des Preises „von Journalisten für Journalisten" zusammengekommen, locker im Habitus, beide Hände gerne in den Hosentaschen, auch wenn sie auf der Bühne stehen, und locker in der Kleidung. Einige Herren, auch ältere, sind in sehr engen Jeans gekommen, andere in gut aufgetragenen Anzügen mit Weste aus einer Modedekade, die einige Jahrzehnte zurückliegt, oder aber sie haben sich auch mal in zu kurze und zu enge Jacketts gequält. Nicht alle Damen haben vor der Veranstaltung die Gelegenheit gefunden, ihre Hausarbeitskittel abzulegen. Einige, auch wenn sie die Blüte ihrer Jugend schon länger hinter sich haben, sind im sehr kurzen Kleinen Schwarzen erschienen, was eine gewisse Nonchalance unterstreicht, vor allem dann, wenn sie die obligatorischen Stiefel, teils in der sehr rustikalen Ausführung, dazu gewählt haben.

Claas Relotius nimmt, bescheiden und gewinnend lächelnd, den ihm verliehenen Reporterpreis, einen überdimensionierten, doppelt angespitzten Stift, entgegen. Die strahlenden Gesichter der Zuschauer begleiten die Zeremonie. Lediglich Ines Pohl, Chefredakteurin der deutschen Welle, schaut auf der Bühne gelegentlich skeptisch zu, das Kinn nachdenklich in die Hand gelegt, als Relotius sich für den ihm verliehenen Preis bedankt.

Es gibt guten Grund für Skeptizismus. Die Feierlaune wird bald getrübt.

***

Die Feier ist zu Ende. Der geniale Reporter Relotius hat jahrelang geschwindelt, und niemand hat es bis zum Dezember 2018 bemerkt. Es passte alles so gut.

Zweieinhalb Wochen nach der Preisverleihung, am 20. Dezember 2018, ist die Eloge auf den Preisträger über seine Reportage, seinen Text „von beispielhafter Leichtigkeit, Dichte und Relevanz, der nie offen lässt, auf welchen Quellen er basiert", von der Webseite des Reporter Forums verschwunden. In lediglich drei knappen Sätzen erfährt der Leser, dass der Text entfernt worden sei, weil es gegen den Sieger „schwerwiegende Betrugsvorwürfe" gegeben habe. Der noch vor wenigen Tagen hochgelobte Preisträger Claas Relotius, der für seinen Beitrag „Ein Kinderspiel" ausgezeichnet worden ist, hat jetzt seine Auszeichung und die drei vorangehenden Preise des Reporter Forums aus den Jahren 2013, 2015 und 2016 zurückgegeben.[114]

Der Text „Ein Kinderspiel" von Claas Relotius, die vom Reporter Forum im Jahr 2018 als bester Beitrag gewürdigte journalistische Reportage, ist am 23. Juni 2018 im „Spiegel" erschienen. Es handelt sich bei der Reportage um Interviews während vieler Wochen mit einem jungen Syrer, der laut Reportage meint, den Syrienkrieg vor sieben Jahren mit einer Beleidigung des syrischen Präsidenten Baschar al-Assad durch ein Graffito ausgelöst zu haben. Die Reportage ist keine, denn Relotius hat, wie er inzwischen einräumt, Szenen und Passagen seines Textes erfunden.

„Womöglich ist es der kleine Moment, den große Geschichte manchmal braucht", schreibt Relotius. Der Autor schildert in erstaunlichen Details Szenen aus dem Leben der zurückliegenden sieben Jahre des heute 20-jährigen Syrers, wie diejenige, dass der Syrer am Tag eines Giftgasanschlags in der Nähe von Damaskus am 21. August 2013 das Lied „Get Lucky" von Daft Punk und Pharrell Williams gehört habe: „We're up all night 'til the sun / We're up all night to get some / We're up all night for good fun / We're up all night to get lucky."

Es passt so gut, sehr gut, zu gut.

***

Es würde den Rahmen und die Intention dieses Buches sprengen, auf weitere, möglicherweise von der ausufernden Fantasie des Autors Relotius geprägte Reportagen, einzugehen. Es seien jedoch kurz die Themen und Unglaubwürdigkeiten einiger seiner vielen Berichte erwähnt, die in erstaunlicher Häufung als preiswürdig erachtet worden sind. Der Blick auf die herausragende Rolle von Claas Relotius in der Medienlandschaft erlaubt auch einen Blick darauf, in welcher Welt die ihn feiernden Medienkollegen leben.

„Die letzte Zeugin" hat Relotius einen am 3. März 2018 im „Spiegel" veröffentlichten Text betitelt, der beschreibt, wie Relotius die Amerikanerin Gayle Gladdis, „59, eine Frau mit schulterlangem Haar und Perlenohrringen", auf dem Weg zu einer Hinrichtung in Huntsville, Texas, begleitet. Es ist die zehnte Hinrichtung, zu der die Amerikanerin fährt, diesmal mit dem Greyhound-Bus für 141 Dollar hin und zurück. Relotius schreibt, er habe den richtigen Namen der Amerikanerin geändert, es zeigt sich jedoch im Nachhinein, dass die ganze wirklich unglaubliche Geschichte ein Fantasieprodukt ist.

Ein Jahr zuvor, am 29. März 2017, veröffentlicht der „Spiegel" eine Reportage von Claas Relotius mit dem Titel „Wo sie Sonntags für Trump beten".[115] Relotius ist diesmal dreieinhalb Stunden mit dem Bus von Minneapolis nach Fergus Falls im Westen Minnesotas gefahren, um in der Kleinstadt herauszufinden, warum 70 Prozent der Stimmberechtigten von Fergus Falls Donald Trump zum US-Präsidenten gewählt haben. Eine Erklärung findet Relotius gleich am Ortseingang der Stadt auf einem Schild, „aus dickem Holz in den gefrorenen Boden getrieben", auf dem „in großen, aufgemalten Buchstaben" steht: „Mexicans Keep Out" - Mexikaner bleibt weg. Die Menschen, denen Relotius begegnet sein will, haben nach seiner Beschreibung arge Defizite. Ein Mann, Andrew Bremseth, laufe mit einer „Beretta, Kaliber 9 Millimeter" herum, besitze auch noch zwei Gewehre, sei aber noch nie mit einer Frau zusammen gewesen, im Kino liefe in der 13.000-Einwohner-Stadt seit zwei Jahren der auch jetzt wieder ausverkaufte Film „American Sniper", der zu Beginn mit dem Blick durch das Zielfernrohr eines US-Scharfschützen zeigt, wie der Scharfschütze eine Muslimin und einen Jungen tötet, die einen Anschlag auf Amerikaner geplant haben („Die Zuschauer im Kino klatschen"). In der Aula der Schule hängen drei Dutzend Plakate als Vorbilder zum amerikanischen Traum, von Schülern gemalt, „die meisten malten Donald Trump."

Ein Bewohner der Stadt, Neil Becker, gehört nicht zu den Underdogs, er müsse, wenn er Trump beim Lügen zuhöre, an George Washington denken, Amerikas ersten Präsidenten, „über den hieß es, dass er nicht lügen konnte." Und er singt, die Assoziation zum singenden Syrer in der „Kinderspiel"-Reportage liegt nahe, zusammen mit Lady Gaga, deren Song im Fernsehen übertragen wird: „This land is your land, this land is my land / From California to the New York island / From the redwood forest, to the gulf stream waters / This land was made for you and me."

Alles passt in dieser Reportage zusammen mit dem ideologischen Konzept deutscher Leitmedien. Die Geschichte ist sehr gut komponiert, mit ungezählten Details ausgestattet, die eine Vorstellung davon vermitteln, wer die Hinterwäldler sind, die Trump gewählt haben. Im Dezember 2018 steht im „Spiegel Online" unter der Überschrift „Wo sie sonntags für Trump beten": „An dieser Stelle stand ursprünglich eine Reportage des früheren Spiegel-Autors Claas Relotius über die US-Kleinstadt Fergus Falls. Der Text hat sich als Fälschung herausgestellt. Der Spiegel hat sich nach eingehender Prüfung und auf Bitten der falsch dargestellten und falsch zitierten Protagonisten dazu entschlossen, den Artikel zu sperren." Zwei Bewohner der Kleinstadt Fergus Falls kommen im „Spiegel" Nr. 52 vom 22. Dezember 2018, nach eineinhalb Jahren vergeblichen Bemühens, Kontakt zum Magazin aufzunehmen, zu Wort: Die Reportage bestehe aus lauter Lügen: Bremseth trage keine Waffe, er habe eine Freundin, der Film „American Sniper" liefe nicht im Kino, das Schild „Mexicans Keep Out" und auch alle anderen Behauptungen entbehrten der Realität.

Mehr als 50 Texte hat der „Spiegel" von Relotius veröffentlicht. Aber auch in vielen anderen Leitmedien finden sich Reportagen von Relotius, so beispielsweise in der „taz", der „Welt" oder der „Zeit". In der „Zeit Online" erscheint am 13. November 2012 eine Reportage von Claas Relotius mit dem Titel „Flüchtlinge retten Riace vor dem Untergang", eine wundersame Geschichte, die ans Herz geht, weil Flüchtlinge in dieser Stadt willkommen sind, während „halb Europa" sich von Einwanderern abschottet. Neben 800 Italienern leben jetzt 500 Migranten in Riace, alle werden „mit offenen Armen" empfangen. Adama Kone aus Mali betreibt eine Autowerkstatt, Fatma aus Afghanistan ist

Näherin und Teppichknüpferin in Riace, die Flüchtlinge verhelfen der kleinen Stadt zu wirtschaftlichem Aufschwung.

Den „Zeit"-Lesern gefällt der Artikel. „Gutes Beispiel für den Rest Europas!", schreibt unter Pseudonym „StefanoD", unter Hintanstellung der Regeln des Satzbaus oder der Interpunktion, „sehr schönes Beispiel was es heißt Menschen zu integrieren! Man muss sie auch wirklich willkommen heißen und ihnen Arbeit geben und mit ihnen zusammenleben!!!" Dieter Drabiniok sagt „Danke! (…) Die Hoffnung glimmt wieder, dass Menschlichkeit gegen Vorurteile und Ängste bestehen kann." Der Leser mit dem Pseudonym „Wesensgleich" hat praktische Lösungen: „Man könnte die Neubesiedlung (…) gut mit biologischem Obst- und Gemüseanbau verbinden, dann helfen sie auch noch, die dringend notwendige ökologische Wende hinzubekommen!" Häufigstes Interpunktionszeichen in den Leserbriefen ist das Ausrufezeichen, manchmal alleine stehend, manchmal zu zweit, manchmal heben drei Ausrufezeichen die Bedeutsamkeit der Ansichten und kreativen Ideen der „Zeit"-Leser hervor. Mehrere Leser haben die Idee, dass der Bürgermeister des Ortes, Domenico Lucano, den Friedensnobelpreis erhalten solle. Fast alle Leserbriefe signalisieren Zustimmung zu dieser Reportage. Die Leser der „Zeit" haben eine sehr eigenwillige Wahrnehmung der Realität, eine Wahrnehmung, die darüber hinwegsieht, dass neben 800 Italienern 500 Flüchtlinge leben, die überwiegend von den Steuerzahlern alimentiert werden.

Die „Zeit" versteht es, die sonderbaren Träumer anzusprechen, die märchenhafte Ideen der Art entwickeln, dass die Welt gerettet würde, wenn hunderte willkommen geheißene Migranten in einem Weiler mit nicht viel mehr Einwohnern als die Migranten zählen, mit landwirtschaftlichen Bio-Erzeugnissen gespeist werden. Beide, Zeitung und Leser, passen gut zusammen. Allerdings wären sie in Utopia besser aufgehoben als in der Wirklichkeit.

$$***$$

„In dem Moment, in dem Klaus Brinkbäumer, Heribert Prantl und Jakob Augstein die Reportagen von Relotius lasen, glaubten sie ihre eigenen Kommentare."

Das Titelblatt des „Spiegel" der Ausgabe Nummer 52 vom 22. Dezember 2018 verkündet mit großer weißer Schrift auf rotem Untergrund „Sagen, was ist". Es ist das Fragment des Leitspruchs des „Spiegel"-Gründers Rudolf Augstein, das in „silbernen Lettern" (Ullrich Fichtner) im Foyer des „Spiegel" an die Aufgabe des Journalismus erinnern soll. Der Leitspruch sei deshalb ein Fragment, weil er um einen vom „Spiegel" seit Jahren zu seinem eigenen Schaden vergessenen Halbsatz ergänzt werden müsse, denn Augstein habe postuliert: „Sagen, wie die Welt is - und nich, wie se sein soll", schreibt der ehemalige „Spiegel"-Redakteur

Matthias Matussek, der gerne auf seine enge Verbindung zu Rudolf Augstein hinweist.[116]

In kleinerer Schrift heißt es weiter auf der Titelseite des „Spiegel" zum Fall Relotius: „In eigener Sache: Wie einer unserer Reporter seine Geschichten fälschte und warum er damit durchkam." Dieser Bericht ist ein Musterbeispiel dafür, wie „eine Rekonstruktion in eigener Sache", auf sieben Seiten ausführlich von Ullrich Fichtner ausgebreitet, es vermeidet, die wirklichen Ursachen für die Veröffentlichung fantasievoller Reportagen zu benennen, die zumindest teilweise ohne jeglichen Bezug zur Realität auskommen und lediglich das Vehikel dafür sind, ein bestimmtes Weltbild zu untermauern.[117]

Bereits die Überschrift des Reports von Ullrich Fichtner enthält zwei Hinweise, die die Wahrheit allenfalls nur streifen. Es heißt in der Überschrift: „Manipulation durch Reporter" und „Spiegel legt Betrugsfall im eigenen Haus offen." Der Reporter Relotius hat ohne Zweifel manipuliert, allerdings hat er den Erwartungen einer Redaktion entsprochen, die seine gefärbten oder total erfundenen Reportagen goutiert hat. Alexander Wendt hat in seinem Blog „Publico" mit bitterer Ironie Relotius' Schaffen beleuchtet: „In dem Moment, in dem Klaus Brinkbäumer, Heribert Prantl und Jakob Augstein die Reportagen von Relotius lasen, glaubten sie ihre eigenen Kommentare."[118]

Und Alexander Wendt findet auch gleich eine treffende Bezeichnung für den Journalismus, der es mit der Wahrheitsliebe nicht so genau nimmt: „Schöpferischer Journalismus" könnte künftig das Stehlen, Drehen, Dichten und Erfinden genannt werden. Vielleicht passt auch, so meine Ergänzung, „Ergebnisorientierter Journalismus" oder „Verblendeter Journalismus"?

Es ist die Redaktionskultur im „Spiegel", die den schöpferischen, ergebnisorientierten, verblendeten Journalismus fördert. Nicht der eine Reporter alleine, Relotius, bewirkt den Skandal. Das hat Ullrich Fichtner nicht zum Thema gemacht, obwohl er sieben Magazin-Seiten zur Verfügung hat. Er hat darauf verzichtet eine vorurteilsfreie Analyse des Versagens aufzuzeigen. „Claas Relotius hat alle geblendet", heißt die eindeutige Schuldzuweisung. Der Finger zeigt nur auf den einen.

Die weitere Behauptung Fichtners, der „Spiegel" lege den Betrugsfall offen, ist ebenso allenfalls ein Teil der Wahrheit. Die Reportage „Jaegers Grenze" vom 17. November 2018 über eine US-Bürgerwehr gegen Flüchtlinge hat zwei Autoren, Juan Moreno und Claas Relotius. Moreno hat bereits seit Wochen den Verdacht, dass Relotius es mit der Wahrheit nicht so genau nehme, und er recherchiert auf eigene Faust, ob der von Relotius beigesteuerte Teil der Reportage auf Fakten beruhe. Auch aus einer Bürgerwehr in Arizona kommt per eMail die Frage, wie es möglich sei, einen Artikel über die Bürgerwehr zu schreiben, ohne mit den Betroffenen zu sprechen. Auf einer US-Webseite wundern sich zwei Autoren über die Reportage „In einer kleinen Stadt" über Fergus Falls, die einen grundlegenden Mangel an Fakten erkennen lasse.[119] Es droht also seit längerem, dass die fantasievollen Reportagen Relotius´ als solche erkannt werden, und Ullrich Fichtner bleibt daher nichts anderes übrig, als den Weg der

Öffentlichkeit zu gehen, um zumindest zu versuchen, seine Interpretationshoheit eines Einzeltäters zu lancieren.

Auch die „Süddeutsche Zeitung" hat zwei Interviews von Relotius veröffentlicht, die zumindest in Teilen Zweifel hervorrufen, ob sie real sind. In einem Kommentar der Zeitung am 21. Dezember 2018 findet die Autorin Laura Hertreiter heraus, wer die Misere aller „Qualitätsmedien im Land", wie sie schreibt, verursacht habe: „Diesen Zorn haben rechte Populisten mit „Lügenpresse"-Rufen gegen ihnen unliebsame Berichterstatter strategisch geschürt. So klar wie unanständig also, dass AfD-Politiker den Einzelfall Relotius sofort als Beleg für die angebliche Dysfunktionalität der Qualitätspresse werteten."[120] Die Autorin hat sehr schnell in die Kiste mit den üblichen Schuldzuweisungen gegriffen: Rechtspopulisten und die AfD sind schuld, dass Relotius sein Unwesen hat treiben können. Dieser Text in der „Süddeutschen Zeitung" dokumentiert anschaulich, welcher Geist in der Redaktion des Münchner Qualitätsmediums herrscht.

Der eingeschlagene Weg, in den Medien nach kurzer Aufmerksamkeit den Fall Relotius und das Versagen der Redaktionen der „Süddeutschen Zeitung", der „taz", der „Zeit", der „Welt", der „Frankfurter Allgemeinen Sonntagszeitung", des „Cicero" und vor allen des „Spiegel" dem schnellen Vergessen anheim zu geben, ist erfolgreich. Zwei, drei Wochen nach der Aufdeckung des Skandals im Dezember 2018 ist das Thema „Schöpferischer Journalismus" aus den Medien verschwunden. Mit gutem Grund, denn eine allzu grelle Beleuchtung des Medienversagens fällt auf die gesamte Branche zurück und könnte dazu führen, weitere

Skandale zu thematisieren. Der ehemalige „stern"-Reporter Wolfgang Röhl weiß: „Wenn du tagsüber eine einzelne Ratte siehst, sind da noch zehn andere, die du nicht gewahr wirst."[121] Daher ist Schweigen die angesagte Strategie.

Der „Spiegel" profitiert, wenn auch nur kurzfristig, von der Veröffentlichung des Relotius-Skandals. Um fast 10.000 Einzelverkäufe steigt gegenüber der Vorwoche die Zahl verkauften Exemplare der „Spiegel"-Nummer 52/2018 auf jetzt 180.155. Allerdings liegen die Verkäufe trotz der größeren Aufmerksamkeit auf die Titelgeschichte „Sagen, was ist" noch unter dem 12-Monatsdurchschnitt von 181.400 Exemplaren.[122]

Immerhin kann die Branche weiter feiern. Und die Journalisten können sich gegenseitig Preise verleihen.

***

Noch haben nicht alle Journalisten einen Journalisten-Preis erhalten. Es gibt noch einiges zu tun.

Claas Relotius gibt die ihm verliehenen Preise zurück. Der viermalige Preisträger des Deutschen Reporterpreises, des Peter Scholl-Latour-Preises, des Konrad-Duden Preises, der CNN-

„Journalist of the Year", der mit dem Katholischen und dem Coburger Medienpreis Geehrte, er steht jetzt am Schandmal. Am Rande: Relotius ist 2014 als „Journalist of the Year" ausgezeichnet worden, in jenem Jahr, als das Wort „Lügenpresse" als Unwort des Jahres entlarvt worden ist. Wird jetzt die Gesellschaft für deutsche Sprache im Nachhinein in der Bezeichnung „Unwort" die Vorsilbe streichen und bald das treffendste Wort des Jahres küren: „Lügenpresse"?

Die vielen Ehrungen Relotius´ zeigen, dass es nicht einfach ist, bei den zahlreichen Preisen, die sich Journalisten gegenseitig verleihen, die Übersicht zu behalten. Das Webportal „Journalistenpreise" kennt 722 Preise mit 15667 Gewinnern (Stand Januar 2019). Da zeigt sich ein beachtliches Potential Preiswürdiger, denn unter den rund 41.000 hauptberuflichen Journalisten (davon rund 9.600 Freiberufler) ist nach diesen Zahlen ein gutes Viertel bereits ausgezeichnet worden.[123] Bedenklich ist nicht nur die inflationäre gegenseitige Verleihung von Preisen, sondern auch, dass wirtschaftliche Interessen im Hintergrund der Verleihung eine bedeutsame Rolle spielen und in den Fällen aufdringlichen Sponsorings die Unabhängigkeit der Jurys bei der Auswahl der Preisträger durchaus in Zweifel gezogen werden kann.

Die Preisverleihungen werden, nicht versteckt, sondern deutlich herausgestellt, von Unternehmen gefördert oder von privatwirtschaftlich organisierten Stiftungen und Interessenverbänden finanziert. Missgeschicke bei Preisverleihungen lassen sich jedoch nicht immer ausschließen.

In der Hamburger St. Michaelis Kirche, dem ehrwürdigen Wahrzeichen Hamburgs, werden am 27. September 2018 die Helmut Schmidt-Journalistenpreise 2018 verliehen. In getragener, gediegener Atmosphäre, die allerdings von einem grell beleuchteten knallroten im Dreieck mit schrägen Beinen aufgebauten Rednerpult, das einer total missglückten Ikea-Konstruktion ähnelt, beeinträchtigt wird, feiern sich Journalisten und Politiker. Der ehemalige Finanzminister der Bundesrepublik Deutschland, Peer Steinbrück, jetzt auch ING DiBa-Berater, und Olaf Scholz, gegenwärtig Finanzminister, beide SPD, diskutieren vor der Preisverleihung öffentlich miteinander. Danach hält die Preisträgerin für den Nachwuchs-Journalistenpreis, Laura Meschede, ihre Dankesrede.

Die freie Journalistin soll den Preis für eine Reportage im Magazin der „Süddeutschen Zeitung" erhalten, die am Beispiel einer Amazon-Tochtergesellschaft eine düstere Zukunft der Arbeitsverhältnisse in einer digitalisierten Welt thematisiert („Die Mensch-Maschine"), einer Arbeitswelt mit schlechter Bezahlung, hoher Arbeitsbelastung und Leistungsdruck. Die Journalistin erklärt bei ihrer Rede zur Überraschung des Publikums jedoch, dass sie den Preis nicht annehme, weil der Helmut Schmidt-Journalistenpreis von einer Bank finanziert sei, der ING DiBa, und weil es sich bei der Preisvergabe um eine PR-Veranstaltung handele. Sie wolle nicht PR für eine Bank machen.

Der Journalistin hätte zwar schon früher, nicht erst bei der Preisverleihung, auffallen können, dass der Preis von einer Bank finanziert wird. Aber dann hätte sie ihre Rede zur Systemfrage nicht halten können: „In Zeiten, in denen die Kriegsgefahr steigt, in Zeiten, in denen der Meeresspiegel steigt, in Zeiten in denen eigentlich alles steigt außer den Reallöhnen (…), in solchen Zeiten gibt es nur noch zwei Seiten: Die Seite von denen, die dieses System stützen und von ihm profitieren, und die Seite von denen, die unter ihm leiden. Als Journalistin möchte ich auf der Seite von letzteren stehen."[124] Haltungsjournalismus wird solche Berufsauffassung genannt, und mag die Haltung auch noch so wirr sein, wenn die Journalistin feststellt, dass die Kriegsgefahr, der Meeresspiegel und „eigentlich alles" stiegen, die Reallöhne aber nicht. Abgesehen von ihren zweifelhaften Faktenbehauptungen und abgesehen von der fragwürdigen Kausalität, die die Journalistin sieht, ist ihr anzuraten, an ihrer sprachlichen Kompetenz zu arbeiten („die Seite von denen…").

Auf das Preisgeld der ING DiBa in Höhe von 5.000 Euro muss sie nun verzichten, aber immerhin erhält sie anschließend für ihre Reportage im SZ-Magazin den Willi-Bleicher-Preis, der allerdings nur mit 2.000 Euro dotiert ist. Die von der Interessenvertretung IG-Metall Baden-Württemberg finanzierte PR-Veranstaltung „Journalistenpreis" ist tugendhaft, die PR-Veranstaltung der ING DiBa hingegen nicht.

Nachdem wir in diesem Kapitel zahlreiche Preisverleihungen, die nicht immer ohne Komplikationen über die Bühne gegangen sind, überstanden haben, ist es an der Zeit, wieder zur harten Arbeit der Journalisten überzuleiten. Die Propaganda-Kampagnen, die viele Medien führen, erfordern erhebliche Aktivitäten - und Haltung!

8. Kampagnenjournalismus

Ideologisch gefestigter Journalismus ist tatsächlich ein werteorientierter Journalismus, der Haltung zeigt, erklären Journalisten. Ich nenne es Kampagnenjournalismus.

Der vielfach ausdauernd und vehement gepflegte Kampagnenjournalismus, der in den öffentlich-rechtlichen Medien, aber auch in privatwirtschaftlichen Print- und Onlinemedien betrieben wird, unterstreicht, dass die Medien selber wenig Wert auf Glaubwürdigkeit legen und konsequenterweise offensichtlich auch nicht anstreben.

Einer der Medienmacher aus dem öffentlich-rechtlichen Medienspektrum, der WDR-Journalist Georg Restle, seit 2012 Chef der Sendung „Monitor", „eines der Flaggschiffe des investigativen Journalismus" (Eigendarstellung des WDR), redet dem Kampagnenjournalismus unumwunden das Wort. In einem Essay schreibt Restle, er wolle mit einem Verständnis des Journalismus, darzustellen, was ist, nichts zu tun haben.[125] „Plädoyer für einen werteorientierten Journalismus", nennt Restle seinen Essay, er hätte ebenso gut schreiben können, er plädiere für einen Kampagnenjournalismus oder für einen ideologisch gefestigten Journalismus. Er hält es für eine der „größten Lebenslügen des heutigen Journalismus", wenn er neutral sein könne und nur abbilde, was ist. Der Journalismus dürfte nicht neutral und ausgewogen sein, wenn die politische Mitte nach rechts wandere und verblöde. Restle spricht sich gegen den „Journalismus im Neutralitätswahn" aus und maßt sich an festzulegen, welche Haltung die richtige sei. „Warum wir endlich damit aufhören sollten, nur abbilden zu wollen, „was ist"", schreibt, unzweideutig und ohne Scheu, ein führender Journalist des öffentlich-rechtlichen Fernsehens.[126] Restle gebührt große Dankbarkeit dafür, dass er dem Publikum reinen Wein einschenkt, welcher Art Journalismus sein soll: werteorientiert. Leider hat er nicht geschrieben, wer prädestiniert ist, die Werte zu bestimmen, an denen der ordentliche Journalist sich zu orientieren hat.

Hierzu gibt Anja Reschke Hilfestellung, die Kollegin Restles, die uns ja auch schon darüber informiert hat, dass Journalisten einen „Erziehungsauftrag" haben.

Anja Reschke, Leiterin der Abteilung Innenpolitik beim NDR und damit verantwortlich für die Sendungen von „Panorama" und „ZAPP", macht keinen Hehl aus ihrer Intention, die Realität zielgerichtet zu interpretieren. „Haltung zeigen!" nennt sie eine einseitige Realitäts-Wahrnehmung, die sie in einem Buch mit diesem Titel auf 96 Seiten unterbreitet.[127] Ihr Plädoyer für den Haltungsjournalismus zeigt, dass die Charakterisierung dieser Medien-Machart als Kampagnenjournalismus tatsächlich zutreffend und nicht ein konstruiertes Feindbild übelmeinender Populisten ist. Reschke dokumentiert deutlich, dass im öffentlich-rechtlichen

Rundfunk moralisierender Gesinnungsjournalismus betrieben wird.

Anja Reschke wird am 28. November 2018 mit dem Hanns-Joachim-Friedrichs-Preis ausgezeichnet (Preisgeld 5000 Euro), weil sie „Haltung ohne Arroganz, Toleranz ohne Beliebigkeit und Stehvermögen ohne Sturheit" auszeichne und ihre Kommentare nicht belehrend seien. Der Laudator Denis Scheck lobt die Preisträgerin, dass sie Mut zur Haltung zeige, und Scheck streckt dem Publikum das Buch Reschkes „Haltung zeigen" entgegen, und sagt, dass „drolligerweise" in ihrem Buch ein Kapitel über die Auszeichnung mit dem Hanns-Joachim-Friedrichs-Preis enthalten sei. Praktischerweise lässt Denis Scheck das Buch gut sichtbar aufrecht auf seinem Rednerpult stehen, damit die Fernsehkameras das Cover des Buches erfassen und die Zuschauer im NDR-Fernsehen erfahren, welches Buch sie kaufen sollen. Ein Tweet (Andreas Hecker am 5. Dezember 2018) kommentiert die Veranstaltung auf das Trefflichste: „Herzlichen Glückwunsch! Hängt euch nur weiterhin selbst eure Preise um! Und machen Sie sich mit dieser guten Sache nur gerne gemein. Es ist zu durchsichtig!"

Georg Restle zitiert in seinem dekuvrierenden Essay zustimmend die Journalistin Carolin Emcke, die in einer ihrer Kolumnen in der „Süddeutschen Zeitung" schreibt: „Das Mantra vom „Wir versuchen nur darzustellen, was ist", zeugt keineswegs von selbstkritischer Objektivität, sondern von selbsthypnotischer Verantwortungslosigkeit."[128] Die drei Journalisten, Restle, Reschke und Emcke, sollen gerne ihre gleichgerichteten Ansichten über das Verständnis des Journalismus in Wort und Schrift verbreiten, jedoch ist es für das Publikum unerträglich, wenn es zwar die „Süddeutsche Zeitung", wenn sie ihm nicht gefällt, im Zeitungsständer des Verkaufskiosks hängen lassen kann und die 2,90 Euro für den Kauf der Zeitung spart, es aber den Westdeutschen Rundfunk und den Norddeutschen Rundfunk zwangsweise mit seinen Gebühren finanzieren muss. Die„Qualitätstageszeitung" (Eigendarstellung der „Süddeutschen Zeitung") mit dem „meinungsfreudigen Journalismus" bleibt dann im Zeitungsständer des Verkaufskiosks stecken, Fernseh-Sendungen aber, wie „Panorama", „ZAPP" oder „Monitor" („meinungsfreudig, nie ideologisch") kann der Zuschauer lediglich abschalten, bezahlt jedoch dennoch für die „seriöse Information, gepaart mit einer sorgfältigen Analyse" (Eigendarstellung „Monitor").

Wie „seriöse Informationen, gepaart mit einer sorgfältigen Analyse", aussehen, möchte ich anhand einiger Beispiele aufzeigen.

8. 1 Der verachtete Präsident

Der eigentliche Wahlkampf um das Amt des US-Präsiden-
ten findet in Deutschland, nicht in den USA, statt. Deutsche
Medienmacher (und ein Außenminister) wissen, dass ein
Kandidat ein „Hassprediger" ist.

Am 8. November 2016 geschieht Unfassbares: Donald John
Trump, Kandidat der Republikaner bei der Wahl zum Präsidenten
der Vereinigten Staaten von Amerika, gewinnt die Wahl, obwohl
die einschlägigen deutschen Medien monatelang vehement in ungezählten Varianten vor diesem Mann gewarnt haben. Die amerikanischen Wähler haben diese Warnungen ignoriert.

Bereits gut ein Jahr vor der Wahl, zu der Zeit, als die US-Re-
publikaner ihren Kandidaten unter vierzehn Bewerbern küren
wollen, stellt „Spiegel-Online" fest (9. Juli 2015), dass Trump
„keine ernsthaften Chancen" habe, „scheinheilig" sei und „rassistisch" hetze. Der Titel dieses Artikels lautet: „Wahlkampf der
Dumpfbacken". Im September 2016 schreibt „Zeit-Online" (27.
September 2016), dass das Duell zwischen Hillary Clinton und
Donald Trump gelaufen sei („Trump geht die Puste aus"), denn in
einem TV-Duell habe Trump einen „erschreckenden Auftritt" gehabt, er fasele, er demonstriere, dass „sein Wahlsieg eine Gefahr
für die USA wäre", er könne „unter keinen Umständen Befehls-

haber der stärksten Militärmacht der Welt werden." Die 317 Kommentare der treuen „Zeit Online"-Leser bestätigen den Autor dieses Artikels, Paul Middelhoff, in seiner Meinung, denn in der überwältigenden Mehrheit lassen die Leser kein gutes Haar am Kandidaten Donald Trump. Lediglich eine kleine Minderheit schreibt, dass sich ihr Eindruck nicht mit der Aussage des „Zeit-Online"-Berichtes decke, diese Minderheit, sofern deren Beiträge nicht der „Zeit"-Zensur zum Opfer fallen („Entfernt. Bitte diskutieren Sie den Inhalt des Artikels", lautet das „Zeit"-Verdikt im Kommentarteil in diesen Fällen), diese Minderheit muss jedoch bissige Kommentare der Überzeugten hinnehmen.

Die Besserwissenden der „Zeit Online" sind in guter Gesellschaft, denn der Außenminister der Bundesrepublik Deutschland, Frank-Walter Steinmeier, nennt den Präsidentschaftskandidaten Trump „Hassprediger", eine Bezeichnung die gerne als Zitat von der Medienelite aufgegriffen wird und auch ohne Bezug auf den Außenminister Eingang in die übliche Charakterisierung Trumps findet. Der Berliner „Tagesspiegel" notiert, Trump habe als Wutbürger begonnen und sich jetzt „lauter, schriller, wilder" zum Hassprediger entwickelt („Tagesspiegel-Online", 14. Oktober 2016).

Die Online-Ausgabe der „Süddeutschen Zeitung" kommt nach der ersten TV-Debatte zu einer ähnlichen Einschätzung wie die „Zeit": Trump lügt, schreibt die Zeitung beim Resümee zu den Themen Klimawandel und Irakkrieg, während Hillary Clinton ihre Ideen habe darlegen können. Trump sei ein „reizbarer Egoist mit oberflächlichem Wissen", Clinton sei gut vorbereitet gewesen, zeige Kompetenz und professionelles Auftreten.

Der Artikel von Johannes Kuhn endet trotz der eindimensionalen Sichtweise mit einer bemerkenswerten Erkenntnis: „Mediale Wahrnehmung und die Wirkung auf die Wähler sind zwei unterschiedliche Dinge." Da hat der Autor recht, wie das Wahlergebnis am 8. November 2016 zeigt.

Es dauert einige Tage, genau bis zum 21. November 2016, als nach der unerwarteten Wahl Donald Trumps zum US-Präsidenten am 8.November 2016 der Herausgeber der „Zeit", Josef Joffe, sich von dem Schock der falschen Wahl einigermaßen erholt hat und sich in der „Zeit" zu Wort meldet.[129] Unter der Überschrift „Amerikas blonder Mussolini" fragt der meinungsstarke Autor fassungslos: „Wie konnte ein böser Clown wie Trump überhaupt so weit kommen. Dieser Pleitier und Steuer-Artist. Dieser falsche Fuffziger." Die Antwort gibt Josef Joffe, indem er den Chefwissenschaftler des Meinungsforschungs-Unternehmens YouGov, Doug Rivers, zitiert. Dieser habe festgestellt, dass die Leute wütend seien.

Warum die Leute wütend sind, beschreibt die US-Soziologin Arlie Russell Hochschild in ihrem Buch „Strangers in their own land" (Fremde in ihrem eigenen Land), das den Untertitel „Anger and mourning on the american right" trägt (Zorn und Trauer der amerikanischen Rechten).[130] Ausschweifend und blumig erzählt die Autorin von ihren Gesprächspartnern, beispielsweise am Mississippi, die ihre Familiengeschichte ausbreiten, mit welchem

Auto sie fahren oder welche Speisen die Großmutter gerne ge-kocht hat. Da kann der Leser schon ungeduldig werden, seine Geduld wird jedoch entgolten von einer bemerkenswerten Zu-sammenfassung der Stimmungslage: Die Menschen kämen sich in ihrem eigenen Land vor, schreibt die Autorin, als stünden und warteten sie in einer endlosen Schlange, geduldig wartend, dass sie drankämen, während vorne Menschen mit Hilfe des Staates vordrängelten. Bevorzugt werden Schwarze, Schwule, syrische Flüchtlinge. Sie spielen die Opferrolle, während die Befragten selber schuften müssten und der Staat die Faulheit der Opfer be-lohne. An dieser Stelle, beiseite gesprochen, stellt sich die Frage, inwieweit dieses Fazit auch für Deutschland relevant ist.

Josef Joffe tröstet sich trotz seines Schocks über das Wahler-gebnis im Jahr 2016 mit der Vorhersage, dass es „2020 keinen zweiten Trump geben" werde.

***

Weltweit ist ein Medien-Club führend in der Verunglimp-
fung des US-Präsidenten Donald Trump: Die ARD. Nahezu
alle ARD-Sendungen triefen vor Feindseligkeit.

Donald Trump wird am 20. Januar 2017 als US-Präsident in sein Amt eingeführt. Nach 100 Tagen seines Wirkens als Präsident zieht das Shorenstein Center on Media, Politics and Public Policy der Harvard Kennedy School im Mai 2017 eine Zwischenbilanz, nein, nicht der Tätigkeit des Präsidenten, wie es üblicherweise der Fall ist, sondern eine Bilanz der Berichterstattung über den neuen Präsidenten.[131] Autor der Studie ist Thomas E. Patterson, der neben sieben US-Medien, den „Mainstream Medien", wie Trump beispielsweise die Fernsehsender CNN, NBC oder die Zeitungen „New York Times" und „Washington Post" bezeichnet, neben den US-Medien auch drei europäische Medien in seine Untersuchung einbezieht, die britische „Financial Times", die BBC und die deutsche ARD.

Der Tenor der Mainstream Medien ist eindeutig. Sie berichten weitgehend negativ über Donald Trump, und sie tun damit das, was sie am liebsten tun, nämlich Menschen herabsetzen, die nicht ihrer Gesinnung sind. Sie erreichen damit, dass ihr negativer Grundton das öffentliche Vertrauen in die staatlichen Institutionen unterminiert. „Junkyard Dog"-Journalismus (etwa: Straßenköter-Journalismus) nennt der US-Politikwissenschaftler Larry Sabato dieses Verhalten und charakterisiert es als „harsh, regressive, and intrusive" (etwa: hart, ohne moralische Leitlinie, aufdringlich).

Dieser aggressive Journalismus verändert die Politik, schreibt Larry Sabato in seinem Buch „Feeding Frenzy: How Attack Journalism Has Transformed American Politics" (etwa: Medienrummel: Wie Aggressions-Journalismus die amerikanische Politik verändert hat). Zwei weitere Autoren, Patricia Moy und Michael Pfau, haben ein Buch über das Mistrauen und den Zynismus gegenüber demokratischen Institutionen geschrieben, Vorbehalte, die durch die Medien mit ihrem kritischen Unterton geschürt werden. Das Buch trägt den Titel „Mit Bosheit gegen alle?" („With Malice Toward All?"). Boshaft sind die Medien, allerdings steht hinter der Überschrift ein Fragezeichen, vermutlich nicht die Bosheit selber betreffend, sondern, ob die Bosheit gegen alle gerichtet ist.[132]

Die Studie des Shorenstein Centers bestätigt nun die Befunde der Medienwissenschaftler, die den Mainstream-Medien eine negative Tendenz attestieren.

Unter den US-amerikanischen Medien halten die Fernsehsender CNN und NBC die „Spitzenstellung" mit einem Anteil negativer Berichterstattung über Donald Trump von 93 Prozent. Gleich danach folgt der Fernsehsender CBS mit einem Negativ-Anteil von 91 Prozent. Lediglich der Fernsehsender Fox passt nicht ganz in diese einhellige Medienschelte, denn er berichtet „nur" zu 52 Prozent negativ. Die Zeitungen „New York Times" und „Washington Post" schreiben zu 87 bzw. 83 Prozent negativ, während das „Wall Street Journal", möglicherweise, weil die Zeitung schwerpunktmäßig Wirtschaftsthemen behandelt, sich auf 70 Prozent negative Berichterstattung beschränkt.

Die europäischen Medien BBC und „Financial Times" berichten zu 74 bzw. 84 Prozent negativ. Alle genannten Medien werden jedoch von der ARD übertroffen, deren Berichte zu 98 Prozent negativ sind. Dieses Ergebnis verwundert nicht, wenn wir einen kurzen Blick auf die Tätigkeit der ARD in Washington werfen, bevor wir wieder zu den Ergebnissen der Shorenstein-Studie zurückkehren.

In der vom Shorenstein Center untersuchten Zeit ist die ARD-Journalistin Ina Ruck Leiterin des ARD-Studios in Washington, eine Journalistin, die gelegentlich eine spezielle Sicht auf die Realität hat. Eine selektive Wahrnehmung der Journalistin zeigt sich beispielsweise in ihrem Kommentar zu einer Rede des US-Präsidenten am 1. März 2017, der in seiner ersten Rede vor dem US-Kongress nach 39 Tagen im Amt zu einem neuen Kapitel amerikanischer Größe und zu einer Zusammenarbeit über die Parteigrenzen hinweg aufruft. Während die Kongress-Mitglieder nach Beendigung der Rede des Präsidenten aufstehen und applaudieren, kommentiert die Journalistin die Fernsehbilder mit den Worten, es sähe zwar nach einer umjubelten Rede aus, aber es habe sehr gemischte Reaktionen gegeben, sehr viel Stirnrunzeln, ungläubige Gesichter, Kopfschütteln im Saal. Der Zuschauer sieht also Bilder, die Applaus für den Präsidenten zeigen, die Kommentatorin aber erklärt dem Publikum, dass diese Wahrnehmung nicht die Realität widerspiegele.

Am 6. Februar 2017, 17 Tage nach Amtsantritt des Präsidenten, beantwortet Ina Ruck in der Talk-Show „hart aber fair" die Frage nach der Stimmung in Washington mit dem Hinweis, dass die Menschen über den Präsidenten traurig bis wütend seien, viele, auch Kollegen, hätten in der Wahlnacht geweint, aber ein Frauenmarsch (gegen Trump) mit einer halben Million Menschen zwei Wochen zuvor hätte sie beeindruckt. Und dann findet sie den Schwenk zu Russland, indem sie die dortigen Verhältnisse mit denen in den USA gleichsetzt, denn sie habe ein déja-vu nach dem anderen. Ina Ruck liefert, was gefragt ist: Meinungsmache. Gegen Trump.

***

Das öffentlich-rechtliche deutsche Fernsehen diagnostiziert in zahlreichen Sendungen den Geisteszustand des US-Präsidenten: Er leidet an diversen psychischen Störungen, ist Soziopath, Psychopath, Narzisst, emotionaler Epileptiker. Und er ist ein Geisterfahrer.

Man könnte annehmen, es ginge nicht noch schäbiger als das, was Ina Ruck anbietet. Das jedoch ist ein Irrtum.

In der TV-Sendung, die mit Blick auf die Tugend der Fairness den irreführenden Namen „hart aber fair" trägt, in dieser Sendung geht es auch um den psychischen Zustand des Präsidenten, wie der Moderator Frank Plasberg erklärt. Zur Diagnose des Geisteszustandes des US-Präsidenten ist Borwin Bandelow im deutschen Fernsehen eingeladen, der als Psychiater und Angstforscher erklärt, dass Trump sich immer wieder etwas Neues einfallen lässt, über das wir uns Sorgen machen müssen. Ein Zuschauer stellt fest, und seine Feststellung wird als Text in die Sendung eingeblendet, dass Trump ein erheblich übersteigertes Selbstwertgefühl habe, dass er zwanghaft Lügengeschichten erzähle, dass er eine Gefühlskälte, einen Mangel an Empathie habe und zur Abwertung anderer Menschen neige. „Mr. President ist wohl ein Psychopath!?" heißt es, mit Ausrufungs- und Fragezeichen am Ende des Textes. In Beantwortung der Frage befindet der Psychiater, dass Trump Zeichen einer narzistischen Persönlichkeit aufweise, ein solcher Mensch es mit der Wahrheit nicht genau nehme, dieser Mensch hochstapele und ein übersteigertes Selbstwertgefühl habe, was dazu führe, dass er keine Kritik dulde. Die Insolvenzen Trumps zeigen, dass er kein Mitgefühl und keine Reue zeige und beratungsresistent sei, erklärt ein Psychiater mit logischem Salto mortale unwidersprochen im Fernsehen.

Der Geisteszustand des US-Präsidenten ist häufiger Thema im ARD-Fernsehen.

Schon unmittelbar nach der Wahl Donald Trumps zum Präsidenten hat sich Stefan Niemann, stellvertretender Leiter des ARD-Studios in Washington um den Geisteszustand Trumps besorgt gezeigt. „Wie tickt Trump?", fragt der Fernsehkorrespondent in einem am 27. November 2016 im ARD-„Weltspiegel" gesendeten Beitrag und lässt zur Beantwortung der Frage unter anderem den Biografen Trumps, David Cay Johnston, zu Wort kommen. „Donald Trump ist ein ziemlicher Soziopath, kein Psychopath, der auf Verbrechen aus ist, aber ein Soziopath, der keine Rücksicht auf andere kennt", der also nach Ansicht des Biografen an einer psychischen Störung leidet. Johnston hält Trump auch für bestechlich, es werde jetzt „sehr, sehr leicht für ausländische Regierungen oder deren Freunde, der Familie Trump Geld zufließen zu lassen." Bei einer politischen Entscheidung Trumps sei zu fragen, ob er sie zum Wohl Amerikas oder zu seinem Familienprofit trifft.

Bis hierher haben wir gelernt, dass Trump psychische Störungen habe und bestechlich sei. Es kommt noch heftiger.

Der Fernsehbeitrag Stefan Niemanns wird garniert mit Bildern einer Demonstration, bei der die Demonstranten vor dem Trump-Tower rufen „Not my President". Aber, so viel Ausgewogenheit muss schon sein, es gebe auch Demonstranten für Trump: Der Film zeigt Teilnehmer einer Versammlung in Washington, die „Heil, Trump" rufen und ihn mit erhobenem rechtem Arm, dem Hitlergruß, feiern. Selbst wenn die Bilder echt sein sollten, der Zweifel besteht, weil nicht erkennbar ist, bei welcher Gelegenheit die Aufnahmen gemacht worden sind, auch bei echten Bildern bleibt beim Betrachter ein schaler Nachgeschmack, denn der Fernsehbeitrag versucht, Trump in eine Reihe mit Hitler zu stellen.

Dieses Machwerk des ARD-Korrespondenten passt in die Kollektion der weiteren Fernsehbeiträge Niemanns über Donald

Trump. Nur noch ein Beispiel sei aus der engagierten Tätigkeit Niemanns, die Zuschauer des ARD-Fernsehens auf den richtigen Weg zu bringen, an dieser Stelle aufgezeigt: Am 17. Januar 2018 befindet der Korrespondent unter dem Titel „Standpunkt: Ein Jahr Trump" im „Mittagsmagazin": „Respekt, Mister President! Sie haben sehr schnell sehr viel erreicht! Die Würde des Amtes: dahin. Uramerikanische Werte und Traditionen: zertrampelt. Über Generationen gewonnene Verbündete: verprellt und verraten.(…) Sie sind - mit Verlaub - nicht nur ein peinlicher Präsident, Sie sind ein gefährlicher Geisterfahrer." Dann tituliert Niemann den US-Präsidenten Trump als „rotblonde Abrissbirne Amerikas". Für die mental Schwerfälligeren unter den Zuschauern ist dieser Teil der Sendung mit einer über den Bildschirm pendelnden Abrissbirne illustriert, die mit einer rotblonden Perücke geschmückt ist. Als Veranschaulichung der anschließenden Bemerkungen Niemanns über den Geisteszustand des Präsidenten dient das Bild eines Gehirns, in dem der Korrespondent „Geltungssucht, Arroganz, Größenwahn, Realitätsverlust, emotionale Epilepsie" diagnostiziert.

Niemann arbeitet offensichtlich zur Zufriedenheit der ARD. Zum 1. Juli 2017 wird er vom stellvertretenden Leiter des ARD-Studios in Washington zu dessen Leiter befördert.

Nur wenige Beispiele des kampagnengesteuerten Journalismus der ARD kann ich an dieser Stelle in kurzer Darstellung umreißen, sie dürften jedoch ausreichen, die Intention der Verantwortlichen in der ARD zu verdeutlichen: Trump soll weg! Bereits die Headlines zahlreicher weiterer ARD-Sendungen zum Thema

Trump unterstreichen diese Absicht. „Donald Trump: Ich. Präsident", („Weltspiegel", 17 Januar 2018), „Trumps gespaltene USA", („Mittagsmagazin", 17. Januar 2018), „Stürzt Trump die Welt ins Chaos?", („Maischberger", 16. Mai 2018), „Zurück zum kalten Krieg?", („Presseclub", 15. April 2018), „Donald Trump sucht Streit", („Panorama", 2. Februar 2017) oder „Außer Kontrolle - wie gefährlich ist Trump für die Welt?", („hart aber fair", 22. Mai 2017).

Einer der weiteren Versuche der „Tagesschau", Trump im öffentlichen Ansehen zu schaden, ist für sich genommen nicht sehr bedeutsam, aber er zeigt deutlich, mit welchen Mitteln die „Tagesschau" arbeitet, um ihre Linie der Verunglimpfung des Präsidenten zu verfolgen. Auf dem Weltwirtschaftsforum in Davos im Januar 2018 wirft Trump der Presse vor, sie sei hinterhältig, gemein, bösartig und falsch. Daraufhin gibt es Buh-Rufe im Auditorium, die allerdings kaum zu vernehmen sind, wie es Beobachter, beispielsweise Rainer Nowak, Chefredakteur der österreichischen Zeitung „Die Presse", beschreiben. In ihren Social Media-Kanälen hilft die „Tagesschau" im Video über die Veranstaltung jedoch ein wenig nach, dreht den Ton aus dem Publikum lauter, damit die Buh-Rufe deutlicher zu hören sind, und der „Tagesschau"-Chefredakteur Kai Gniffke begründet diese Manipulation im Blog der „Tagesschau" mit der Erklärung, es handele sich dabei um „journalistische Präzision". Wenn Trump jedoch Beifall erhält, verzichtet die „Tagesschau" hingegen auf ihre „Präzisierung" mit einer Veränderung der Tonlautstärke.[133]

Die vom Shorenstein Center festgestellte Häufung negativer Berichte der ARD über Donald Trump, zur Erinnerung, 98 Prozent der ARD-Berichte sind negativ ausgerichtet, diese Häufung ist offenbar gewollt. Sie spiegelt die politische Doktrin der Anstalt wider, die ihre Verpflichtung zur Unparteilichkeit beiseite legt und systematisch den US-Präsidenten verunglimpft.

Die ARD, die „Arbeitsgemeinschaft der öffentlich-rechtlichen Rundfunkanstalten der Bundesrepublik Deutschland" ist ein Verbund der Landesrundfunkanstalten, der den Vorschriften des öffentlich-rechtlichen Rundfunks unterliegt. Der Auftrag an die öffentlich-rechtlichen Rundfunkanstalten, formuliert in § 11, Abs. 2 des Rundfunkstaatsvertrages, besagt, dass die Rundfunkanstalten „die Grundsätze der Objektivität und Unparteilichkeit der Berichterstattung, die Meinungsvielfalt sowie die Ausgewogenheit ihrer Angebote zu berücksichtigen" haben. Diesem Auftrag kommt die ARD, wie die Beispiele zeigen, partout nicht nach. Die Weigerung, objektiv und unparteilich zu berichten, ist offensichtlich. Der Rundfunkrat, der für die Programmkontrolle und die Einhaltung des gesetzlichen Sendeauftrags der öffentlich-rechtlichen Rundfunkanstalten zuständig ist, sieht keinen Anlass, den Kampagnenjournalismus zu rügen.

Auch bei der Themenauswahl der Berichterstattung über den US-amerikanischen Präsidenten fällt die ARD auf. Das Shorenstein Center hat festgestellt, dass in den US-Medien die persönliche Eignung Trumps für das Amt des Präsidenten kaum eine Rolle spielt, während die ARD in einzelnen Monaten bis zu 20 Prozent ihrer Berichterstattung (Januar 2017) diesem Thema widmet

(Februar 18 Prozent, März 10 Prozent). In allen Monaten übertrifft die ARD mit dieser einseitigen Ausrichtung ihrer Themen die übrigen untersuchten Medien.

Trump nimmt die Angriffe der Medien nicht reaktionslos hin. Einen Monat nach seinem Amtsantritt twittert er, die Fake News Medien „New York Times", NBC, ABC, CBS und CNN seien nicht sein Feind, sondern der „Feind des amerikanischen Volkes!" Die Medien fühlen sich angegriffen und reagieren empfindlich, so wie beispielsweise die „New York Times" oder die „Chicago Tribune" (jeweils am 17. Februar 2017). Die „New York Times" verfälscht die Aussage Trumps, der ausdrücklich die „FAKE NEWS media", und nicht alle Medien als „Enemy of the American People" bezeichnet hat, zu der Überschrift „Trump Calls the News Media the „Enemy of the American People"" und trägt dazu bei, den Präsidenten zu desavouieren.[134] Die Konfrontation zwischen Medien und dem Präsidenten ist, wie das Beispiel der „New York Times" zeigt, offenbar von manchen Medien gezielt geschürt worden. Wer aus der Auseinandersetzung aber den größeren Nutzen oder den geringeren Schaden davontragen wird, ist offen. Die Karten des Präsidenten sind nicht schlecht, wie die Ergebnisse zahlreicher Meinungsumfragen bei Wählern zeigen, die eine Wiederwahl Trumps durchaus möglich erscheinen lassen.

Übrigens: Die deutschen Medien tuten ins selbe Horn wie die „New York Times". Eine kleine Auswahl an Überschriften aus deutschen Zeitungen und bei der ARD zeigt, dass die Machart der US-Zeitung, eine bestimmte Botschaft, auch wenn sie falsch ist, zu den Lesern zu bringen, dass diese Manipulation gerne übernommen wird. So heißt es in der „Welt“: „Trump beschimpft US-Medien als „Feind des amerikanischen Volkes““, in der „FAZ“: „Trump nennt führende Medien „Feinde des Volkes““, die „Zeit“ schreibt: „Trump bezeichnet Medien als „Feinde des Volkes““. (alle Zitate 18.Februar 2017). Ina Ruck führt die Leser auf der ARD-Webseite (Zwischenüberschrift: „Kriegserklärung des Präsidenten“) in den Kampf, denn sie fragt, wie man mit einem Präsidenten umgehe, der die Medien „Volksfeind“ nennt (31. März 2017).

***

Die deutsche Presse steht der ARD in der Schmähung Trumps nicht nach. Schäbig und infam zeigen renommierte Blätter Bilder des Präsidenten, die in ihrer Bösartigkeit mit den Hetz-Kampagnen des nationalsozialistischen „Stürmer“ durchaus mithalten können (und auch übertreffen).

Wie die Persönlichkeit Trumps in der deutschen Presse dargestellt wird, gleicht den hasserfüllten Ausfällen der ARD.

Der „stern“ (29. August 2017) erklärt den Lesern, dass mit Donald Trump ein Hassprediger im Weißen Haus säße („Donald

Trump - der Hassprediger im Weißen Haus"). Trump stehe an der „Seite von Faschisten", „Schürt Feindschaften. Entzweit. Verunsichert", heißt es im Stakkato, mit Punkten getrennt. Und weiter: „Die Menschen", wer auch immer das sein mag, vermutlich alle Menschen, das weiß jedenfalls der „stern", „die Menschen empfinden so, weil Trump kein Gefühl für sein Volk hat. Er ist getrieben von seinem Narzissmus. Von seinem Zorn." Nur ein Beispiel aus der unendlichen Reihe der „Zeit"-Verbalinjurien mag an dieser Stelle eingefügt sein, als ein Kommentar zu Trumps Außenpolitik gegenüber dem Iran und Nordkorea mit der Überschrift „Gefährlich irre" den Leser richtig einstimmt: Trumps Politik ist im besten Fall erschreckend dumm, viel eher aber einfach nur gefährlich irre (20. September 2017).

Dem „Spiegel" gebührt das Prädikat, besonders perfide mit dem US-Präsidenten umzugehen, mit einem Titelbild, das geeignet ist, beim Publikum Assoziationen hervorzurufen, die Trump mit brutalen Mördern des sogenannten Islamischen Staates gleichstellen. Das Titelbild des Journals zeigt stilisiert am 4. Februar 2017 den US-Präsidenten Donald Trump, der, korrekt mit schwarzem Anzug und roter Krawatte gekleidet, mit aufgerissenem Mund dem Betrachter des Bildes triumphierend den abgeschlagenen Kopf der New Yorker Freiheitsstatue in der rechten hochgereckten Hand entgegenhält, den Kopf, aus dem Blut tropft, das sich am Boden in Flecken sammelt. In der linken Hand hält Trump ein blutbeflecktes Messer, das er kraftvoll umklammert und bedrohlich in die Höhe streckt. „America first", die politische Zielrichtung Trumps, steht unter dem Titelbild, das der vulgären Machart des antisemitischen Hetzblatts der „Der Stürmer", dem

„Nürnberger Wochenblatt zum Kampfe um die Wahrheit", nicht nachsteht. Der „Stürmer", der mit dem Ende der Herrschaft des Nationalsozialismus im Jahr 1945 ebenfalls sein Ende gefunden hat, hat sich noch mit simplen perversen Hetzkarikaturen behelfen müssen. Da hat der „Spiegel" andere Möglichkeiten: Die digitale Variante dieser Journal-Ausgabe bietet eine Animation, bei der das Blut aus dem abgetrennten Kopf tropft. „Wir zeigen das, worum es geht", sagt der „Spiegel"-Chefredakteur.

Wie „Das wahre Gesicht des Donald Trump" aussieht, so lautet der „Spiegel"-Titel, erfährt der Leser am 19. August 2017. Vor schwarzem Hintergrund steht in schwarzer Anzugsjacke ein Mann mit roter Krawatte und weißem Hemd. Weiß ist auch die spitze Ku-Klux-Klan-Kapuze des Mannes, die das Gesicht vollständig verdeckt und lediglich Schlitze für die Augen aufweist.

Einige Monate zuvor, am 12. November 2016, zeigt das „Spiegel"-Titelbild einen auf die Erde zurasenden Meteoriten. Der Meteorit ist Trumps Kopf, der mit weit aufgerissenem Mund die Erde, die fast die Größe des Mundes hat, zu verschlucken droht. Nichts Geringeres erwartet uns als „Das Ende der Welt (wie wir sie kennen)", wie die Bildunterschrift erläutert. Trump wird das Ende der Welt herbeiführen.

Ein Jahr später, am 4. November 2017, ein Jahr nach der Wahl Trumps zum US-Präsidenten, zieht der „Spiegel" Bilanz: „Washington, ein Jahr danach" heißt der Titel. Das Ende der Welt ist zwar noch nicht gekommen, aber um Washington steht es schlecht. Eine riesige Flutwelle, die das Profil Trumps mit aufgerissenem Mund und goldgelbem Flutkamm zeigt, überschlägt sich gerade und verschlingt das Kapitol, das Weiße Haus und das Washington Monument.

Es ist sicherlich angebracht, dass wir uns die nähere Betrachtung weiterer Titelbilder, die der „Spiegel" zum Thema Trump veröffentlicht, ersparen, denn sie sind alle von ähnlicher Art. Der Hass auf Trump ist so ausgeprägt, dass sogar die stark rückläufige Bereitschaft der Leser, den „Spiegel" zu kaufen, offensichtlich nicht zur Zurückhaltung bei der Übermittlung von Hasspositionen Anlass gibt. Der „Spiegel" 45/2017, der das Titelbild mit der Washington verschlingenden Trump-Welle zeigt, verkauft sich im Einzelhandel mit nur 185.045 Exemplaren und liegt damit deutlich unter dem 12-Monats-Durchschnitt von 207.300 Exemplaren.[135]

Die Charakterisierung Trumps in den deutschen Medien zeigt, wie die Leitmedien im Gleichschritt über den Präsidenten urteilen.

„Ein totalitärer Blender und betrügerischer Dilettant hat es geschafft, sich ins Weiße Haus wählen zu lassen. (…) Jetzt steht ein sexuell übergriffiger Rassist, pathologischer Lügner und Egomane an der Spitze der Vereinigten Staaten", ereifert sich Carsten Luther in der „Zeit" (9. November 2016). Bernd Ulrich, der Leiter des Ressorts Politik der „Zeit" ergänzt mit der Erkenntnis, dass Trump den „monarchischen Hasardeuren und faschistischen Führern" ähnelt, die Europa mehrfach ins Unglück geführt haben.

Sebastian Gierke schreibt in der „Süddeutschen Zeitung" (9. November 2016) unter der Überschrift „Sieg des Enthemmten", dass „ein Narzisst, ein notorischer Lügner, ein Sexist, ein Rassist, ein Chauvinist" das sei, was als mächtigster Mann der Welt bezeichnet wird. Der Feuilletonchef der „Süddeutschen Zeitung", Andrian Kreye, hat erkannt, wer Trump gewählt hat: „Horden (…) mit ihrem Bildungsmangel, ihrem Hass und ihrem Weltbild, das aus einer Zeit stammt, die die meisten im Land hinter sich gelassen haben."

Der Chefredakteur des „Spiegel", Klaus Brinkbäumer, erklärt den Lesern des „Spiegel" (6/2017 am 4. Februar 2017) in der Journal-Ausgabe mit dem Titelbild des in islamistischer terroristischer Weise die Freiheitsstatue köpfenden Trump, dass der Präsident der USA ein „pathologischer Lügner" und ein „Rassist" sei, der den „Staatsstreich von oben" versuche.

Horden mit Bildungsmangel und Hass haben also einen pathologischen Lügner, Narzisten, Sexisten, Chauvinisten, Populisten , Rassisten und Demagogen zum Präsidenten gewählt. Das vermitteln uns übereinstimmend die deutschen Leitmedien im sicheren Bewusstsein, dass sie, die Journalisten dieser Medien, im Gegensatz zum dummen amerikanischenVolk die richtige Wahl getroffen und die schillernde Hillary Clinton gewählt hätten. Die amerikanischen Wähler haben es unverständlicherweise unterlassen, die deutschen Journalisten vor ihrer Wahl zu befragen, wen sie richtigerweise wählen sollten.

Die „Welt" schafft es, eine besonders üble Aktion gegen Trump abzuziehen.

Selbst nach längerer Präsidentschaft Trumps lassen die Kampagnen gegen Trump nicht nach. Als Beispiel für eine besonders perfide Aktion möchte ich die „Welt" zitieren, die in ihren Ausgabe vom 19. Februar 2019 zum zweijährigen Jahrestag der Vereidigung Trumps als US-Präsident auf mehreren Seiten in der gedruckten Zeitung und der „Welt"-Edition mit geballter journalistischer und künstlerischer Kraft den US-Präsidenten herabwürdigt.[136]

Die „Welt"-Edition veröffentlicht auf der Titelseite ein Foto Trumps, das ihn vermutlich während einer Rede zeigt, denn er unterstreicht auf diesem Bild offenbar das Gesagte mit einer geballten Faust. „Der Prolet der Politik" lautet die Bildunterschrift.

Die Titelseite der Print-Ausgabe ist mit der Überschrift „Der Umstrittenste" zurückhaltender formuliert, allerdings fällt die Überschrift kaum ins Auge, denn auf der Mitte der halben Zeitungsseite dominiert ein Farbbild Trumps vor grünem Hintergrund. Es ist das „jüngste Werk des amerikanischen Kunst-Stars Paul McCarthy", wie die „Welt" schreibt. Der Kunst-Star hat Trump mit blutunterlaufenem und blutverschmiertem Gesicht mit riesiger Knollennase als eine fies grinsende Gestalt dargestellt, die ihre blutigen Zähne dem Betrachter entgegen bleckt. Das schmierige, feiste Grinsen erfährt dadurch Stärkung, dass Trump ein Auge zukneift und seinen rechten Mundwinkel hochzieht. Die Gesichtshaut ist zerfurcht, besonders die Knollennase weist größere Krater auf, und Reste von Bartstoppeln zeigen, dass der Mann sich nur zu Teilen rasiert hat, er es also, wie suggeriert wird, mit der Körperhygiene nicht allzu genau nimmt. Die Zähne hat er ja auch nicht geputzt, wie das Blut auf seinen Zähnen und das gelbliche ungesunde Zahnfleisch es ausweisen.

Dieses Werk des „Kunst-Stars" Paul McCarthy ist im Vergleich zu seinen früheren Kunstwerken mit dem Thema Trump noch dezent, denn er hat, und dies mag ihn für die Veröffentlichung seines Bildes auf der Titelseite der „Welt" qualifiziert haben, unter anderem eine Serie mit Zeichnungen auf acht Surfbrettern kreiert, auf denen Trump beispielsweise auf einem Skateboard als „Dick Head Dick Nose Ass Hole" gezeichnet ist. „Dick" ist ein Slang-Ausdruck für Penis, und so zeigt die zu diesem Titel gehörende Zeichnung einen Trump-Kopf, dessen Haartolle sich zu einem hängenden Penis formt, die Penis-Nase hängt auch schlaff herab und der Mund ist konsequenterweise zu einem schwarzen After geformt. „Trump Dump" heißt die gesamte Serie und auch eine weitere einzelne Zeichnung trägt diese Bezeichnung, ein Bild, das den kotenden Präsidenten zeigt, wiederum mit Penis-Haartolle, wie er die Erdkugel mit seinem Kot bedeckt. Auch die übrigen Zeichnungen, so beispielsweise das Bild „Ass Hole" oder das Bild „Dick Head", machen deutlich, auf welchem Niveau sich der Künstler bewegt.

Ein Beitrag Henryk M. Broders trägt in der gedruckten „Welt" dieses Tages die Überschrift „Der Prolet in der Politik". Broder ist einer der wenigen Autoren dieser Zeitungs-Ausgabe über Trump, der differenziert den Präsidenten charakterisiert und nicht in das allgemeine hemmungslose Bashing einstimmt. „Alles, was Trump macht, ist entweder falsch oder verkehrt", schreibt Broder, womit er jedoch nicht den Präsidenten meint, sondern seine Journalisten-Kollegen. „Die Kritik an Trump ist asymmetrisch, ahistorisch und auch sonst von Bösartigkeit und Undankbarkeit gekennzeichnet." Broder ist ziemlich alleine.

Die Einschätzung Broders bestätigen die anderen zahlreichen Artikel der „Welt" an diesem 19. Januar 2019. „Trump zerstört das Werk Franklin Delano Roosevelts", er sei nicht zur „intellektuellen Durchdringung der Sachlage" befähigt, „Trump hat mehr Schaden angerichtet als Probleme gelöst", er sei nur „in der Unberechenbarkeit berechenbar", meint Jaques Schuster. Trump sei der „unbelesenste Präsident seit dem mutmaßlichen Analphabeten Zachary Taylor (1849/1850)", er sei ein „Egozentriker", eine Kommunikation mit ihm sei „für einen normalen Menschen fast unmöglich", schreibt Ansgar Graw, damit suggerierend, Trump sei nicht normal. Selbst die Meldung, „gleich neun Manager" der Telekom-Tochter T-Mobile US hätten sich in Washington in einem Trump-Hotel eingemietet, ist der „Welt" ein längerer Artikel wert: „Vermischt der Präsident Amt und Geschäft?", immerhin mit einem Fragezeichen, raunt der „Welt"-Autor Stefan Beutelsbacher, der sich allerdings die Bemerkung nicht verkneifen kann, es handele sich um „dubiose Übernachtungen", wohl um dem Leser zu vermitteln, dies sei ein Hinweis für die Bestechlichkeit Trumps.

Broder beendet seinen Zeitungsbeitrag mit der sarkastischen Feststellung, die ganze Aufregung über Trump komme daher, „weil er das macht, was er seinen Wählern versprochen hat. So einem kann man nicht trauen."

Eine kurze Zusammenfassung einiger, wahrlich nicht aller, Charakteristika Donald Trumps, die die deutschen Qualitätsmedien erkannt haben, soll hier dem Leser noch einmal vor Augen führen, wer der US-Präsident ist. Und dies ist die Auswahl der Beurteilungen: Hassprediger, scheinheilig, lügt, reizbarer Egoist, falscher Fuffziger (Anm. H.S.: Dies ist wenigstens einmal ein origineller Begriff im Einerlei der Verbalinjurien), Psychopath, Soziopath, Geltungssüchtiger, Größenwahnsinniger, emotionaler Epileptiker (Anm.: Auch nicht schlecht), Narzisst, irre, totalitärer Blender, betrügerischer Dilettant, notorischer Lügner, Chauvinist, Demagoge.

Und die schlimmste Ausprägung aller Krankheitsbefunde, die unter anderem die „Zeit", das „Handelsblatt", die „FAZ", der „Deutschlandfunk", der „stern", das „Hamburger Abendblatt" oder die „Frankfurter Rundschau" mit Abscheu erkannt haben, diese Diagnose habe ich, um den Leser zu schonen, bis zum Schluss dieses Kapitels zurückgehalten:

Trump ist ein Populist!

Ganz nebenbei: Wenn Trump ein Hassprediger ist, wie ja kompetente Journalisten (und ein Außenminister der Bundesrepublik Deutschland) festgestellt haben, wie ist dann das Verhalten dieser Journalisten (und des Außenministers, der jetzt das Amt des Bundespräsidenten inne hat) zu bezeichnen, die, teilweise geifernd, ihre Diagnose verbreiten?

Mediale Kampagnen im Gleichschritt wirken. Dies zeigt auch das Beispiel im nächsten Kapitel, das insofern eine spezielle Variante einer Kampagne zeigt, als nämlich die Medien versuchen, ein unliebsames Thema zu verschweigen.

8. 2   Migration, jetzt erst recht

Hunderttausende Migranten strömen in die Bundesrepublik Deutschland, ungesteuert und unkontrolliert von staatlichen Institutionen. Die Bundeskanzlerin Angela Merkel hat sich mit ihrer Entscheidung am 5. September 2015, die Grenzen Deutschlands trotz eines unübersehbaren Zustroms von Migranten nicht zu schließen, ihren Eid, sie werde den Nutzen des deutschen Volkes mehren und Schaden von ihm wenden, als unbeachtlich beiseite geschoben. Auch die Verpflichtung in der Eidesformel, das Grundgesetz und die Gesetze des Bundes zu wahren und zu verteidigen, hält die Bundeskanzlerin, wie ihr Nicht-Handeln zeigt, für nicht bindend.

Ohne weiter auf die rechtlichen Grundlagen der Verpflichtung der Bundesrepublik gegenüber Migranten aus dem Grundgesetz, der Asylgesetzgebung oder europäischer Vereinbarungen einzugehen, sei an dieser Stelle lediglich auf die Rechtsgutachten mehrerer Staatsrechtler hingewiesen, die, teilweise deutlich resignierend, zu dem Schluß kommen, die Bundeskanzlerin breche die Verfassung und betreibe fortlaufenden Rechtsbruch. Folgen gibt es nicht, niemand sieht sich verantwortlich, Konsequenzen aus dem Rechtsbruch zu ziehen.[137]

Die Leitmedien üben keine Kritik an der Bundeskanzlerin oder konstatieren wenigstens das Versagen staatlicher Institutionen mit der Forderung, der Rechtsstaat möge handeln, nein, sie feiern im Gegenteil die Kanzlerin in einem Überbietungswettbewerb um Empathie mit den Migranten und einer fatalen Willkommenseuphorie. Einseitigkeit ist Trumpf, kritische Distanz oder ein analytischer Blick auf Folgeprobleme sind Mangelware. Die Journalisten dieser Medien haben ihre Aufgabe nicht begriffen. Oder sie wollen sie nicht begreifen, um ihrer eigenen politischen Agenda Nachdruck zu verleihen.

***

Zwei Chefredakteure des öffentlich-rechtlichen Rundfunks offenbaren, dass sie beim Thema Migration ahnungslos sind. Ihre absurden Äußerungen werden vom Publikum mit Gelächter honoriert, aber Tränen wären ebenso angebracht.

Zwei Jahre später ist das Versagen der Medien noch eklatanter. Ob das Versagen die Folge von Unwissenheit oder von Berechnung ist, bleibt offen. Wie eines der wichtigsten Zukunftsthemen der Welt beispielsweise von den Chefredakteuren der öffentlich-rechtlichen Rundfunkanstalten eingeordnet wird, kann nur mit größter Betrübnis zur Kenntnis genommen werden. Es lohnt sich, einen genaueren Blick auf eine Podiumsdiskussion zu richten, in der die führenden Journalisten der öffentlich-rechtlichen Rundfunkanstalten ihre Ignoranz und Unwissenheit dokumentieren.

Der ARD-aktuell-Chefredakteur Kai Gniffke und der ZDF-Chefredakteur Peter Frey folgen am 25. Oktober 2018 einer Einladung des Dresdner AfD-Kreisverbandes zu einer Podiumsdiskussion mit dem Thema „Medien & Meinung". Die Diskussion verläuft im äußeren Rahmen ruhig, die Anspannung der Diskutanten und des Publikums ist jedoch deutlich zu spüren.

Im Verlauf der Veranstaltung stellt ein Zuhörer aus dem Publikum die Frage, wann darüber berichtet würde, „dass am 11.12. ein Migrationspakt verabschiedet werden soll" und welche Folgen dieser Pakt für die Bürger und das Land hätte. Lang anhaltender Applaus des Publikums unterstreicht, dass diese Frage als sehr wichtig eingeschätzt wird. Die beiden Chefredakteure sehen sich nach der Frage ratlos an, Kay Gniffke beugt sich fragend zum Moderator Andreas Lombard hinüber, der Kay Gniffke erläutern muss, dass mit der Frage der Compact of Migration der Vereinten Nationen gemeint sei, der Anfang Dezember in Marokko geschlossen werden solle.

Auf Antworten der Chefredakteure wartet das Publikum vergebens. Peter Frey schweigt, Kay Gniffke bestätigt schließlich, Peter Frey fragend ansehend: „Der 11.12. ist das Datum, und dann ich bin mir sicher, dass wir darüber berichten werden." Das ist der vollständige Beitrag der führenden Chefredakteure des öffentlich-rechtlichen Fernsehens zu einem Thema, das auf Jahrzehnte die Gesellschaft fundamental ändern wird. Das Publikum quittiert die Bemerkung Gniffkes mit tosendem Gelächter, offensichtlich spürend, dass der Chefredakteur von ARD-aktuell keine Ahnung davon hat, worum es bei dem angesprochenen Migrationspakt geht. Peter Frey sagt nichts. Der Moderator Andreas Lombard sieht sich genötigt einzugreifen und beschwört das Publikum, „bitte, bitte, bitte, bewahren Sie Ruhe, bitte, bleiben Sie ruhig." Um die Veranstaltung im Griff zu behalten, erklärt der Moderator kurzerhand: „Es ist die Frage gestellt worden und beantwortet worden."

Nichts ist beantwortet worden. Kay Gniffke, offensichtlich diskussionsgeschult, geht schnell, allerdings stotternd, mit halb angefangenen Sätzen, unverständlich, zu einem anderen Thema über, zu einer Frage, die zu einem früheren Zeitpunkt gestellt worden sei und erklärt, dass sein Mitdiskutant Peter Frey die frühere Frage bereits beantwortet hätte. Kay Gniffke hat den Überblick verloren, aber er stellt eine in diesem Zusammenhang absurde Gegenfrage, wer denn im Publikum meine, dass in zehn Jahren noch ein Mensch an einer deutschen Supermarkt-Kasse sitze. Der Fragende im Saal hat nach der (fehlenden) Berichterstattung über den UN-Migrationspakt gefragt, und Kay Gniffke fragt daraufhin, wer in zehn Jahren an einer deutschen Supermarkt-Kasse sitze.

In diesen zwei Minuten der über zwei Stunden dauernden Diskussion offenbaren die Chefredakteure der öffentlich-rechtlichen Rundfunkanstalten, dass sie keine Ahnung davon haben, dass seit zwei Jahren in den Vereinten Nationen ein „Gesellschaftsvertrag" diskutiert wird, der es Migranten aus aller Welt ermöglichen soll, ungehindert in jedes Land ihrer Wahl einzuwandern. Dieses Vertragswerk soll in Marokko in gut sechs Wochen nach dieser Podiumsdiskussion am 11. Dezember 2018 von den UN-Mitgliedsstaaten unterzeichnet werden.

***

Ein „Schweige-Kartell" eint die Medienwelt: Das Publikum soll nichts über den UN-Migrationspakt erfahren.

An dieser Stelle ist es notwendig, einige Anmerkungen zum UN-Migrationspakt einzuschieben, um die Empörung im Publikum über das Unwissen und die Ignoranz der Chefredakteure nachzuvollziehen.

Am 19. September 2016 verabschiedet die UN-Generalversammlung bei ihrer 71. Tagung eine Resolution, die zahlreiche Verpflichtungen zur Verbesserung des Schutzes von Flüchtlingen und Migranten vorsieht (New Yorker Erklärung für Flüchtlinge und Migranten).[138] Die Einleitung zur Resolution macht deutlich, in wie hohem Maße Menschen in andere Länder als ihrem Geburtsland migrieren: 244 Millionen Migranten sind es im Jahr 2015, mit stark steigender Tendenz. In zwei Anhängen benennt die Resolution das weitere Vorgehen: Es sollen ein „Umfassender Rahmenplan für Flüchtlingshilfemaßnahmen" sowie ein „Globaler Pakt für sichere, geordnete und reguläre Migration" („Global Compact for safe, orderly and regular Migration") beschlossen werden, die beide 2018 in einer zwischenstaatlichen Konferenz über internationale Migration „gipfeln" (UN-Resolution). Am 13. Juli 2018 wird ein Entwurf des Migrationspaktes veröffentlicht, der am 10./11. Dezember 2018 in Marokko in einer Konferenz verabschiedet werden soll (und auch tatsächlich wird).

Der Migrationspakt verkündet am Anfang des Textes unter der Überschrift „Vision und Leitprinzipien", dass Migration schon immer Teil der Menschheitsgeschichte gewesen sei und in der globalisierten Welt eine Quelle des Wohlstands, der Innovation und der nachhaltigen Entwicklung darstelle und dass diese positiven Auswirkungen durch eine besser gesteuerte Migrationspolitik optimiert werden könnten. Es soll „eine sichere, geordnete und reguläre Migration erleichtert" und „die positiven Beiträge (der Migranten) herausgestellt werden." An keiner Stelle des Migrationspaktes ist, nicht einmal in Andeutungen, erwähnt, dass die Ursachen der Migration zu einem großen Teil in den desaströsen Zuständen der Herkunftsländer der Migranten liegen, insbesondere in einem ungebremsten Bevölkerungswachstum und in mangelnden Verwaltungs- und Rechtsstrukturen. Der Migrationspakt trennt nicht zwischen Fluchtursachen aus politischen Gründen und Fluchtursachen aufgrund wirtschaftlichen Ungemachs in den Herkunftsländern. Allen Migranten sind die sozialen Grundleistungen der Zielländer zu gewähren. Es ist zu erwarten, dass die Bundesrepublik Deutschland mit ihren sozialen Grundleistungen („Hartz IV") als Zielland für die Migration besonders attraktiv sein wird.

Nach den Erfahrungen der ungesteuerten, unkontrollierten Migration hunderttausender Menschen in der Folge des Versagens der Bundeskanzlerin im Jahr 2015, die Grenzen des Landes zu schützen, wäre es angemessen, dass die Medien über den Migrationspakt und die Folgen ausführlich informieren. Das ist nicht der Fall. Die Medien übersehen die fundamentale geplante Neuordnung der Migration. Sie berichten nicht, dass „die Rechte von Migranten auf weltweite Wanderung und diskriminierungsfreie Niederlassung in den Vordergrund gestellt" werden, während „das Recht eines jeden souveränen Staats auf Entscheidung über Ob und Wie eventueller Zuwanderung" fehlt, wie der Staats- und Völkerrechtler Ulrich Vosgerau in einem Gutachten schreibt.[139] Es werde „mit wesentlichen, bislang prägenden Grundsätzen des Völkerrechts gebrochen", stellt Vosgerau fest, denn an der bisherigen Stelle der Staaten als Rechtssubjekte im Völkerrecht sollen nunmehr Individualmenschen, also die Migranten, mit unmittelbaren Rechten gegenüber der Weltgemeinschaft auftreten.

Unabhängig davon, ob die Rechtsauffassung des Staatsrechtlers Vosgerau und weiterer Staatsrechtler richtig ist oder nicht, eine rechtliche Würdigung des Migrationspaktes führte vom Thema ab, unabhängig also vom Rechtscharakter des Migrationspaktes und dessen völkerrechtlicher Einordnung haben die Leitmedien insofern versagt, dass sie, und hier sind sie mit der

Bundesregierung im Einklang, bis Ende Oktober 2018 weitgehend auf Informationen zum UN-Migrationspakt verzichten.

Es wäre ja durchaus angebracht gewesen, dass Medien einmal im Auswärtigen Amt nachfragen, welchen konkreten Beitrag die Bundesrepublik Deutschland bei der Entstehung des UN-Migrationspakt geleistet hat. Das Auswärtige Amt erklärt, die Bundesregierung treibe die „Prozesse zur Erarbeitung eines Globalen Paktes für Flüchtlinge (Global Compact on Refugees, GCR) und eines Globalen Paktes für sichere, geordnete und reguläre Migration (Global Compact on Migration, GCM) politisch, inhaltlich, personell und finanziell voran." Dadurch unterstreiche sie ihre internationale Gestalterrolle im Bereich Flucht und Migration. Und weiter heißt es: „Deutschland hat die Ausgestaltung der beiden Pakte durch Textvorschläge aktiv mitgestaltet. Beide Pakte sind als rechtlich nicht bindend, aber politisch verpflichtend konzipiert."[140]

Demnach ist die Bundesregierung die treibende Kraft hinter dem UN-Migrationspakt. Die Bundesregierung fördert „inhaltlich, personell und finanziell" einen UN-Migrationspakt, der keine rechtliche Bedeutung hat. Es ist naheliegend, dass die Bundesregierung versucht, die Rechtsbrüche, die 2015 den Migrantenzustrom gefördert haben und weiterhin fördern, jetzt als legales Handeln zu klassifizieren, denn die Bundeskanzlerin hat im November 2015 keinen Zweifel daran gelassen, es gehe darum, „dass wir aus illegaler Migration wo immer möglich legale Migration machen."[141]

Die Informationen über den UN-Migrationspakt, so spärlich sie insgesamt in den Medien auftauchen, finden ab Oktober 2018, zwei Monate vor der Migrationskonferenz in Marokko, allmählich häufiger Platz in der Berichterstattung, jedoch nicht mit kritischem Blick auf den UN-Migrationspakt, sondern mit begleitendem Wohlwollen. Der Grund dafür, dass dieses Thema zumindest eine bescheidene Aufmerksamkeit in den Medien erfährt, liegt vermutlich darin, dass die AfD im Deutschen Bundestag beharrlich auf die Probleme aus der zu erwartenden Migration hinweist, einer Zuwanderung von Menschen, die häufig in tribalistischen und gewaltaffinen Kulturen geprägt worden sind. Die Medien gehen weitgehend mit Schweigen über Folgen einer Unterzeichnung des Migrationspaktes hinweg.

Ein Beispiel hierzu zeigt, dass der von der Bundesregierung vermutete Zustrom von Migranten als Petitesse beurteilt wird. So fragt die AfD-Abgeordnete Nicole Höchst in der Fragestunde des Deutschen Bundestages am 10. Oktober 2018 die Bundesregierung, warum die Regierung den UN-Migrationspakt unterschreiben wolle. Der Staatsminister im Auswärtigen Amt, Michael Roth, versteht die Frage nicht, so dass der Bundestagspräsident Wolfgang Schäuble mit einer Wiederholung der Frage nachhelfen muss, bis der Staatsminister zu einer Antwort gelangt. Die Antwort des Staatsministers findet in den Medien keinen Nachklang, sie verdient jedoch unsere volle Aufmerksamkeit. Es werden in „sehr, sehr kleinem Umfang Geflüchtete" aufgenommen werden, jedoch könne er versichern, „dass wir hier über Zahlen sprechen, die bei weitem nicht dem entsprechen, was die Bundesrepublik Deutschland derzeit an Einwohnerinnen und Einwohnern hat."[142]

Der Staatsminister beruhigt also, dass deutlich weniger als 82 Millionen „Geflüchtete" in die Bundesrepublik Deutschland kommen werden, wobei er offensichtlich die zu treffenden Vereinbarungen im UN-Migrationspakt nicht verstanden oder nicht gelesen hat, denn es geht im UN-Migrationspakt um Migration, nicht um „Geflüchtete". In den Redaktionsstuben verfolgt offenbar niemand die Sitzungen im Deutschen Bundestag oder liest die Protokolle der Sitzungen. Eine Erklärung wäre allerdings auch, dass eine Abgeordnete der AfD die Frage gestellt hat und daher in Beachtung der weitgehenden Übereinkunft der Medien, die Arbeit der größten Oppositionspartei im Deutschen Bundestag zu übersehen, auch diese Frage und die hanebüchene Antwort des Staatsministers totgeschwiegen wird.

Die Leitmedien übergehen ein Jahrhundertthema, denn dieser Pakt dürfte zu langwirkenden einschneidenden Veränderungen der Gesellschaft zumindest in Europa, aber auch in der Geschichte der Menschheit führen. Es steht zu vermuten, dass der weit überwiegende Teil der Migranten nach Deutschland einwandern möchte, weil nirgendwo sonst auf der Welt derartig verlockende Sozialsysteme für jedermann angeboten werden.

Übrigens: Peter Frey zieht nach der Dresdner Veranstaltung der AfD in der „Zeit-Online" am 28. Oktober 2018 ein fragwürdiges Fazit.[143] „Die Reaktionen, Ablehnung, gelegentlich Häme, die uns entgegenschlug, bleiben mir als Haupterfahrung von diesem Abend zurück." Der Titel seines Gastbeitrags in der „Zeit" lautet „Hämisch, empfindlich - und hungrig nach Anerkennung". Diese Einschätzung mag dazu beigetragen haben, dass Frey, sich auf dem Podium noch konziliant und zurückhaltend zeigend, im Anschluss an die Podiumsdiskussion dem Mitdiskutanten Michael Klonovsky bedeutet habe, dass er, Frey, diesen niemals ins ZDF einladen werde, weil Klonovsky den Bundespräsidenten Steinmeier als „Marionette des Systems" bezeichnet habe. Der Chefredakteur einer öffentlich-rechtlichen Fernsehanstalt entscheidet also, welche Äußerungen von möglichen Gästen genehm oder nicht genehm sind und die je nach Ergebnis der Prüfung zu Einladungen zu Diskussionssendungen führen oder nicht. Missliebige Journalisten, deren Äußerungen von der Zensur als falsch eingeordnet werden, bleiben draußen vor. Michael Klonovsky, der über diese Äußerung Freys ihm gegenüber informiert hat, steht vor verschlossenen Türen.[144]

Frey zeigt sich nach der Diskussionsveranstaltung, jedenfalls im öffentlichen Rahmen, weiterhin als konziliant. Zwar zensiert er in seinem „Zeit"-Artikel die Reaktionen des Publikum der Diskussionsveranstaltung, er will aber auch, hoffentlich ist es nicht nur eine Bubenbeichte, „über eigene Defizite nachdenken." Da gibt es viel zu tun.

Kai Gniffke wird im Mai 2019 für seine „herausragenden Leistungen" (NDR) zum Intendanten des Südwestrundfunks befördert.

Am 10. Dezember 2018 nehmen 164 der 193 UN-Mitgliedsländer den UN-Migrationspakt an. „Trotz aller Dämonisierungsversuche von rechten Populisten" sind die ablehnenden Staaten in der Minderheit geblieben, freut sich die „Zeit", die „ein ermutigendes Zeichen gegen die Angstmacher ausgemacht hat."[145] Die Freude ist verständlich, denn die Migration hat zur Folge, dass „die Zielländer von den dringend benötigten Fachkräften, die dann auch noch Steuer- und Rentenbeiträge zahlen", profitieren werden, weiß die „Zeit" und dokumentiert damit, dass die Redaktion ihre Leser gerne mit Illusionen beruhigt.

Andere Medien sind nicht besser. Im folgenden Kapitel versuche ich zu erläutern, wie es möglich ist, dass Journalisten sich weitgehend einheitlich ausrichten. Dazu ist ein Blick in die Geschichte erforderlich.

8. 3   Geschmeidige Anpassung

Die Pressefreiheit soll eingeschränkt werden. Über Migranten ist, auch mit staatlicher Förderung, nur positiv zu berichten. Wie auch schon früher, stören sich Medienschaffende an diesem Ansinnen nicht.

Das unverständliche Schweigen der Medien zum Thema UN-Migrationspakt ist umso alarmierender, als der Pakt im Ziel 17 die unterzeichnenden Staaten verpflichtet sicherzustellen, dass

Medien über die Migration positiv berichten. Sie sollen dann keine staatlichen Mittel erhalten, wenn negative Berichterstattungen festzustellen sind. Hiermit wird die Meinungs- und Pressefreiheit drastisch beschnitten. Der Staat hat demnach kritische Diskussionen über Migration zu verhindern.

Im Ziel 17 des Migrationspaktes heißt es unter der Textziffer 33, der Staat verpflichte sich, „Äußerungen (…) von Fremdenfeindlichkeit und damit zusammenhängender Intoleranz gegenüber allen Migranten zu verurteilen und zu bekämpfen." Und dann folgt die Verpflichtung, einen „öffentlichen Diskurs zu fördern, der zu einer realistischeren humaneren und konstruktiven Wahrnehmung von Migration und Migranten führt." Die Wahrnehmung ist offenbar nicht ausreichend realistisch, human und konstruktiv, also müssen Medien und Bürger ihre Meinung anpassen, damit sie realistischer, humaner und konstruktiver werde. Damit die Ziele erreicht werden, fördert der Staat „unter anderem durch Sensibilisierung und Aufklärung von Medienschaffenden hinsichtlich Migrationsfragen und -begriffen, durch Investitionen in ethische Standards der Berichterstattung" die richtige, objektive Meinung. Dazu soll der Staat „Aufklärungskampagnen fördern", die den Zweck haben, „die öffentliche Wahrnehmung des positiven Beitrags einer sicheren, geordneten und regulären Migration zu gestalten." (Ziel 17, Tz. 33 f)

Wie das staatliche Arsenal zur Meinungsförderung im einzelnen aussieht, ist im UN-Migrationspakt nicht weiter erläutert, jedoch ermöglicht das unbestimmte „unter anderem" eine breite Palette staatlicher Eingriffe bei widerspenstigen Medien. Welche

„ethischen Standards" zu setzen sind, ist auch nicht konkretisiert, jedoch werden sich unter den ethischen Standards der unterzeichnenden Länder, häufig von Autokraten regiert, sicherlich auch ethische Standards finden, die für die Bundesrepublik Deutschland Anwendung finden können.

Es ist ungeheuerlich. Warum nicht zumindest die Medien, die Bürger haben ja kaum etwas vom UN-Migrationspakt erfahren, warum also nicht wenigstens die Medien aufjaulen angesichts dieser Verpflichtungen des Staates, die richtige Meinung zu erzeugen, kann nur mit ungläubiger Verwunderung konstatiert werden. Aber es gibt eine Erklärung, oder besser zwei Erklärungen.

***

Die erste Erklärung gibt Sebastian Haffner, der unverdächtige Beobachter der deutschen Geschichte, der rückblickend nüchtern die Pressepolitik im Nationalsozialismus beschreibt und dem Leser den Eindruck vermittelt, es sei vordergründig eigentlich nicht allzu schlimm gewesen.[146] Haffner sei hier noch einmal zitiert.

Die bürgerlichen Zeitungen werden nicht verboten, stellt Haffner fest, lediglich die ehemaligen kommunistischen und sozialdemokratischen Zeitungen dürfen nicht mehr erscheinen. Die Pressevielfalt bleibt gewahrt, und die Leser haben die Möglichkeit, sich nach ihrer Neigung zu informieren. Allerdings sorgen täglich ausgegebene „Sprachregelungen" dafür, dass gewisse Nachrichten unterdrückt oder nur sehr unauffällig gebracht werden. Andere Nachrichten sollen dagegen groß herausgestellt werden. Den Redakteuren wird auch vorgegeben, jedoch nicht häufig, welche Linie sie in ihren Leitartikeln verfolgen sollten.

„Von einer totalen Gleichschaltung der Presse kann also keine Rede sein", schreibt Sebastian Haffner im Anschluss an die oben beleuchtete Situation in seinem Buch „Von Bismarck zu Hitler" über die Presse während der Zeit des Nationalsozialismus. Und weiter heißt es bei Sebastian Haffner: „Die Presse blieb vielfältig. Aber man zog ihr Grenzen, die sie nicht überschreiten durfte, und auf diese Weise wurde erreicht, daß auch einem nicht-nationalsozialistischen Publikum das, worauf es Goebbels und Hitler ankam, auf eine Art beigebracht wurde, die es schlucken konnte. Eine fast genial zu nennende Form der Manipulation der öffentlichen Meinung und mehr noch, der öffentlichen Stimmung, ohne daß den Menschen Ideen aufgedrängt wurden."

Bemerkenswert ist auch Haffners Anmerkung, „daß Goebbels einen großen Teil seiner Propaganda unter williger Mitwirkung von Leuten machte, die sich als Anti-Nazi empfanden, es der Gesinnung nach auch waren. (…) Daß sie dabei, in aller Harmlosigkeit und ohne etwas ausgesprochen Nationalsozialistisches zu tun, Goebbels´ Arbeit verrichteten, (…) das machten sie sich nicht klar." In seinem Buch zieht Haffner das Fazit: Die Kontinuitätsmomente beim Übergang in das Dritte Reich haben alles in allem überwogen (S. 271).

Hier sei ein kurzer Einschub erlaubt: Haffner, so schreibt Arnulf Baring in einem Nachruf auf Sebastian Haffner im Jahr 1999, Haffner „war lebenslang davon überzeugt, daß es die Aufgabe des Journalisten sei zu dramatisieren, Gegensätze zuzuspitzen. Daher war es ihm instinktiv zuwider, wie die anderen, die Mehrheit, zu denken und zu reden. Was man heute „Political correctness" nennt, fand Haffner lächerlich."[147] Diese Charakterisierung des Journalisten Haffner trifft auch für seine eigenwillige kurze Darstellung der Situation der Presse im Nationalsozialismus zu, die sich aufgrund vor allem zweier Verordnungen des Reichspräsidenten Hindenburg im Jahr 1933 durchaus in einer schwierigen Lage befunden hat.

Da wird beispielsweise in der Verordnung des Reichspräsidenten zum Schutze des Deutschen Volkes vom 4. Februar 1933 festgelegt, dass „Druckschriften, deren Inhalt geeignet ist, die öffentliche Sicherheit oder Ordnung zu gefährden" polizeilich beschlagnahmt und eingezogen werden können. Und weiterhin: „Periodische Druckschriften können verboten werden, wenn in ihnen offensichtlich unrichtige Nachrichten enthalten sind, deren Verbreitung geeignet ist, lebenswichtige Interessen des Staates zu gefährden." Die Verordnung des Reichspräsidenten zum Schutz von Volk und Staat vom 28. Februar 1933 beeinträchtigt die Pressefreiheit dann massiv: „Beschränkungen (...) des Rechts der freien Meinungsäußerung, einschließlich der Pressefreiheit (sind) zulässig."

Unter diesen Umständen ist es nachvollziehbar, dass es keines besonderen Druckes mehr des Ministers für Volksaufklärung und

Propaganda, Josef Goebbels, bedurft hat, um eine geschmeidige Berichterstattung der Presse sicherzustellen.

***

Die zweite Erklärung stammt aus der Medienwelt jüngerer Zeit.

Es gibt keinen Minister für Volksaufklärung und Propaganda mehr. In der DDR sorgt jetzt ein Mitglied des Zentralkomitees der Sozialistischen Einheitspartei Deutschlands für die gleichgerichtete Berichterstattung. Seit dem XI. Parteitag der SED am 21. April 1986 ist Joachim Herrmann Sekretär für Agitation und Propaganda der DDR, dem Land, dessen Verfassung bestimmt: „Die Freiheit der Presse, des Rundfunks und des Fernsehens ist gewährleistet" und „eine Pressezensur findet nicht statt."

Die Epigonen Goebbels' in der DDR verfügen jedoch nicht dessen Geschick, dem Publikum Propaganda unterschwellig zu vermitteln. „Grau in grau präsentiert sich das Zentralorgan der SED: immer die gleichen Bilder mit immer den gleichen Leuten, bandwurmartige Überschriften, sperrige Texte, mit einem Vokabular, das dem byzantinischen Hofzeremoniell zu entstammen scheint", charakterisiert das DDR-Museum in Berlin die Presse der DDR. Die Einheitlichkeit der Presse dokumentiert ein Beispiel mit Zeitungsüberschriften zum Besuch des italienischen Ministerpräsidenten Craxi im Jahr 1984 in der DDR.

„Erich Honecker hieß Bettino Craxi zu seinem Besuch in der DDR herzlich willkommen" (Berliner Zeitung), „Bettino Craxi wurde von Erich Honecker in Berlin herzlich willkommen geheißen" (Volkswacht), „Herzliches Willkommen Erich Honeckers für Bettino Craxi in unserer Republik" (Bauern-Echo), „Italiens Ministerpräsident Bettino Craxi von Erich Honecker in Berlin herzlich begrüßt" (Das Volk), „Erich Honecker entbot Bettino Craxi ein herzliches Willkommen in der DDR" (Der Morgen). Die Medienlenkung hat in der DDR funktioniert. (Ganz beiläufig frage ich mich, wie die Medien es heute schaffen, den US-Präsidenten mit gleichlautenden Charakterisierungen zu bedenken.)

In den Jahren 1990 und 1991 lichtet sich das Angebot in den Zeitungskiosken, viele Zeitungen verschwinden nach der Wiedervereinigung Deutschlands vom Markt. Dennoch überleben zahlreiche Zeitungen aus der DDR bis heute, teilweise mit neuen Titeln. Beispiele sind die „Ostsee-Zeitung", die „Schweriner Volkszeitung", der „Nordkurier", die „Thüringer Allgemeine" oder die „Leipziger Volkszeitung".

∗∗∗

Die „Kontinuitätsmomente" (Sebastian Haffner) überwiegen beim Zusammenbruch des „Dritten Reichs" und auch nach dem Ende der DDR. Die Namen der Medien werden geändert, die selben Journalisten machen weiter, als wäre nichts geschehen. Zwei prominente Beispiele hierfür sind Werner Höfer und Karola Wille.

Werner Höfer ist seit 1933 NSDAP-Mitglied und unter anderem Mitarbeiter der NS-Zeitschrift „Das Reich" und dem Berliner „12-Uhr-Blatt". Das ist später kein Hindernis, denn Werner Höfer macht nach dem Krieg Karriere im öffentlich-rechtlichen Rundfunk. Im Westdeutschen Rundfunk wird Höfer sogar Fernsehdirektor. Öffentlich bekannt wird Höfer vor allem als Moderator der Fernsehsendung „Der Internationale Frühschoppen", einer politischen Diskussionsrunde im Fernsehen. 35 Jahre lang überträgt das Fernsehen diese Talk-Show, bis im Jahr 1987 (nicht zum ersten Mal in der Nachkriegszeit) bekannt wird, dass Höfer im „12-Uhr-Batt" im Jahr 1943 die Hinrichtung eines jungen Pianisten, der Zweifel am Sieg Deutschlands im Krieg geäußert hat, mit den Worten befürwortend kommentiert hat, der Pianist sei ein „ehrvergessener Künstler". Höfers Karriere ist jetzt, nach Jahrzehnten der Tolerierung seiner journalistisch fragwürdigen Vergangenheit, zu Ende.

Karola Wille ist Intendantin des Mitteldeutschen Rundfunks MDR. Sie habe „eine bewegte, linientreue SED-Vergangenheit schreibt die „BZ" am 11. Oktober 2011, und die „FAZ" bemerkt am 20. Oktober 2011: „Zu DDR-Zeiten verfasste sie juristische Aufsätze zum Klassenkampf."

Deutlicher wird der „Welt"-Autor Marko Martin, der mit resignierendem Sarkasmus über die Wendehälse der SED schreibt. Unter der Überschrift „Wendehälse, immer wieder oben, egal wo" beleuchtet der Autor die Karriere von Karola Wille zur Intendantin einer öffentlich-rechtlichen Fernsehanstalt („Welt-Online", 10. November 2011). Der Gründungsintendant des MDR, Udo Reiter, habe gesagt, schreibt Marko Martin, dass Erfahrung und Effizienz „eher mit allzeit Systemkompatiblen zu erreichen seien, als mit irgendwelchen Renitenten, die ihre gesamte Lebensenergie bereits beim (gewiss löblichen) Engagement gegen die Diktatur verpulvert hatten." Bürgerrechtler versieht Reiter mit dem Etikett „Nette Leute, oh doch", um, nicht wörtlich direkt, jedoch zwischen seinen Worten, seine Einschätzung zu vermitteln, „aber zu gebrauchen sind sie nicht."

Es genügt bereits, den herablassenden Einschub des Gründungsintendanten Reiter, sein „gewiss löblich" über diejenigen „netten Leute, oh doch", die gegen die SED-Diktatur gestanden haben, zu betrachten, um zu erfahren, wie es um das Denken des Intendanten einer öffentlich-rechtlichen Fernsehanstalt bestellt ist. Der „Welt"-Autor Martin räumt ein, diese Haltung sei zwar zynisch, aber weder unwahr noch ahistorisch, und schließlich sei die Durchsetzung einer Fernsehanstalt mit ehemaligen SED-Mitgliedern der Garant gegen Unordnung. Ob es bei der Besetzung der Führungspositionen auf Kompetenz ankomme, stellt Marko Martin in Frage: „Was also, wenn es mit der so verführerisch alliterarisch gepriesenen Kompetenz der Kompatiblen doch nicht ganz so weit her wäre, sondern nur ein altes DDR-Muster aus wieselflinker Geschmeidigkeit, Seilschaftskumpanei und seelischer Hartleibigkeit greift?"

Ob Höfer oder Wille, deren Karriere von politischen und gesellschaftlichen Systembrüchen unbeeinflusst bleibt, beide zeigen, dass Geschmeidigkeit im öffentlich-rechtlichen Fernsehen eine gefragte Kompetenz ist.

Zur Geschmeidigkeit, nicht nur der öffentlich-rechtlichen, sondern aller Journalisten, gehört es auch, rechtzeitig die Richtung zu wechseln, wenn es gilt, im Gleichklang mit dem Mainstream neue Weltbilder zu vermitteln. Wie eine geschmeidige Berichterstattung über die Klimakatastrophe aussieht, zeige ich im nächsten Kapitel.

8. 4   Die Klimakatastrophe

Haltung ersetzt Recherche. Auch beim Thema Klima.

Das Weltklima ändere sich, davon seien Wissenschaftler überzeugt. Unser gegenwärtiges Klima sei in hohem Maße abnormal, und mit unseren eigenen Aktivitäten produzierten wir die Klimaveränderungen. Zwar seien noch nicht alle Einflüsse auf Klimaveränderungen wissenschaftlich erforscht, aber die CO2-Emissionen und Feinstaub trügen zur Veränderung bei, schreibt die „New York Times".

„In zunehmendem Maße kann die künftige Klimaentwicklung auch durch Umwelteinflüsse bestimmt werden, für die der Mensch verantwortlich ist: etwa durch Kohlendioxid-Gas, wie es bei der Verbrennung von Kohle oder Erdöl entsteht, aber auch durch die Staub- und Wärmeproduktion in den industriellen Ballungsgebieten", behandelt der „Spiegel" in einem Artikel mit dem Titel „Katastrophe auf Raten" das Thema. Und dann heißt es: „Halte die gegenwärtige Klimaverschlechterung an, so warnt etwa der US-Wissenschaftler Reid Bryson, Direktor des Instituts für Umweltstudien an der Universität von Wisconsin, so werde sie demnächst womöglich „die ganze Menschheit in Mitleidenschaft ziehen" - „eine Milliarde Menschen würde verhungern"". In einem weiteren Artikel findet das Thema Klima sogar in einer Titelgeschichte des „Spiegel" einen ins Auge fallenden Platz: „Die Klima-Katastrophe" steht auf dem Titel, illustriert mit einem Foto des Kölner Doms, der allenfalls noch mit den oberen zwei Dritteln des Gebäudes aus dem Wasser ragt. Ringsum ist nur Wasser zu sehen. Der Bericht im Magazin ist überschrieben mit der wissenden, allerdings sehr schief formulierten Behauptung: „Das Weltklima gerät aus den Fugen."

Kaum eine Gazette oder Fernsehbericht kommt ohne Alarmismus zum Thema Klima aus, dabei immer Katastrophen-Szenarien als Menetekel an die Wand malend. Als Beispiel hierfür mögen einige Überschriften aus der „Bild"-Zeitung dienen: „Deutschland vor Klimaschock", „Wird die Erde unbewohnbar?", „Jedes Jahr 86.000 Tote durch Hitze in Europa", „Unser Planet stirbt".

Die zitierten erschreckenden Artikel unterscheiden sich lediglich dadurch, dass die ersten beiden Beispiele aus der „New York Times" und dem „Spiegel" den Horror einer aufziehenden Eiszeit in den Jahren 1974 und 1975 beschreiben, die letzteren Berichte (1986, 2006 und 2007) sehen die Menschheit durch eine Klimaerwärmung bedroht, die effektheischend mit ähnlichem Wortklang wie die „Eiszeit" gerne als „Heißzeit" bezeichnet wird.[148]

Wortgleich befürchten die Medien die Folgen von Eiszeit und Hitzeentwicklung auf der Erde, großzügig darüber hinwegsehend, dass sie innerhalb einer Dekade nicht mehr die Gefahren der Eiszeit beschreiben, sondern stattdessen diejenigen einer Klimaerwärmung. Die Ursachen für den Klimawandel, egal, ob es kälter oder wärmer wird, sind immer dieselben: Kohlendioxid-Emissionen und Feinstaub. Und natürlich ist der Klimawandel „menschengemacht", darüber besteht in den Medien, die vom Alarmismus leben, weitgehender Konsens, ohne dass sie einen Zweifel an ihrer Sicht zulassen.

***

Im Gegensatz zu den gerne und häufig verbreiteten Horror-meldungen über die Eiszeit oder die Heißzeit finden kritische an Fakten orientierte Erkenntnisse über die Klimaentwicklung oder der Einblick in die angelegentlich interessengeleitete Informationspolitik zahlreicher Wissenschaftler so gut wie keine, und wenn, dann nur kurze und schnell vorübergehende Erwähnung in den deutschen Leitmedien. Als Beispiel für einen in den Medien weitgehend übersehenen, in Wissenschafts-Blogs dagegen aber sehr intensiv diskutierten Aufschluss über wissenschaftliches Gebaren, kann das Verhalten einiger Wissenschaftler der britischen Climate Research Unit, kurz CRU, dienen. Computer-Hacker haben im Jahr 2009 tausende Dokumente und eMails dieser Institution veröffentlicht, aus denen hervorgeht, wie ein innerer, aus wenigen Personen bestehender Zirkel der CRU, Daten über die Klimaentwicklung so bearbeitet, dass trotz stagnierenden Temperaturanstiegs eine Klimaerwärmung aufgezeigt werden kann. „Lüge" heißt das Fachwort für diese manipulierende Darstellung. Diese Machenschaften werden dadurch unterstützt, dass die Veröffentlichungen der CRU insofern teilweise unvollständig sind, als von dieser mächtigen Institution verhindert wird, dass Wissenschaftler, die eine Klimaerwärmung nicht diagnostizieren, ihr Wissen in angesehenen Fachzeitschriften veröffentlichen können.

Deutlich gesagt: Es werden Statistiken manipuliert und Kritiker mundtot gemacht, damit die ideologisch gefärbte Vorstellung über die Klimakatastrophe keinen Schaden erleide.

Ohne an dieser Stelle in Details zu gehen oder sogar Stellung zu beziehen zu kontroversen Veröffentlichungen in Fachzeitschriften über die Klimaentwicklung, möchte ich lediglich eine kurze Passage aus einer eMail von Phil Jones, Professor an der CRU, zitieren, der schreibt, er habe gewisse Tricks komplettiert, um zu verbergen, dass die Temperaturen sinken („I´ve just completed Mike´s Nature trick of adding in the real temps to each series for the last 20 years (ie from 1981 onwards) amd (Schreibfehler im Original) from 1961 for Keith´s to hide the decline").[149] Wissenschaftlichen Standards dürfte dies nicht genügen.

Mit Behagen zieht jedoch beispielsweise der „Deutschlandfunk" das Fazit, den Klimaforschern der CRU dürfte kein wissenschaftliches Fehlverhalten vorgeworfen werden, denn mehrere Untersuchungen hätten zu der Einschätzung geführt, dass von Anschuldigungen gegen Phil Jones und andere „nicht viel übrig" geblieben sei.[150] Zahlreiche Zeitungen berichten in ähnlichem Tenor („Welt": „Ausschuss des Parlaments gibt britischen Klimaforschern recht", 1. April 2010, „Süddeutsche Zeitung": „Zweiter Freispruch für Klimaforscher", 15. April 2010). Warum die Klimaforscher der CRU ihren Skeptikern jedoch trotz deren Berufung auf das Gesetz zur Informationsfreiheit keine Daten für eine Überprüfung zur Verfügung stellen, wird nicht weiter als kritisch angesehen, sondern als Petitesse abgetan.

***

Nun kann die Panikmache über den Klimawandel weiter gehen, und sie tut es. Es geht darum, ein jetzt dominierendes Weltbild über die Erwärmung aufrecht zu erhalten und dabei die monokausale Erklärung, die Erwärmung (wenn sie denn tatsächlich stattfände) sei menschengemacht, als Weltanschauung oder als Ersatzreligion weiter zu verbreiten.

„Neue Klima-Studie" überschreibt die „Bild"-Zeitung einen Bericht mit dem Titel „Meere erwärmen sich offenbar stärker als erwartet" (11. November 2018), immerhin noch mit der vorsichtigen Bemerkung „offenbar", der „Focus" dagegen, suggerierend, sicheres Wissen zu verbreiten, alarmiert mit der Meldung „Erderwärmung ist weit größer als bekannt" (5. November 2018). Diese und andere Journale, auch Medien im Ausland, wie beispielsweise die „New York Times" oder die „Washington Post", verbreiten ungeprüft Angaben aus einem Artikel im Wissenschaftsblatt „Nature" vom 1. November 2018 („Quantification of ocean heat uptake from changes in atmospheric O_2 and CO_2 composition"), der aufgrund „hochpräziser" Messungen behauptet, die Erwärmung läge am oberen Ende erwarteter Schätzungen. Die Princeton University konkretisiert in einer Pressemitteilung vom 1. November 2018 die Steigerung mit 60 Prozent.

Bei einer Abweichung der Temperaturwerte um 60 Prozent wäre eine Nachfrage der Medien, die den Alarmismus verbreiten, wohl angebracht gewesen. Aber niemand fragt. Lediglich der Klimaforscher Nicholas Lewis zweifelt, rechnet nach („mit ein wenig Kopfrechnen" - „a quick bit of mental arithmetic") und stellt unter anderem fest, dass die Beobachtungsreihe einer Mess-

Komponente der Klimaveränderung bei einem Wert von 23,2 in 25 Jahren eine jährliche Veränderung von lediglich 0,9 ergibt und nicht, wie in der alarmierenden Veröffentlichung angegeben, einen Wert von 1,16. Die Meldung, die Temperaturwerte stiegen stärker als erwartet, ist falsch.

Nicholas Lewis hält es für erforderlich, dass die Autoren der falschen Studie ihre Ergebnisse korrigieren und dass die Medien, die die falschen Aussagen ohne Nachfrage hinausposaunt haben, ebenfalls Korrekturen veröffentlichen. „Aber das ist vielleicht zu viel, um darauf zu hoffen", resigniert der Wissenschaftler. Lewis´ Erwartung, die Medien mögen die falsche Darstellung korrigieren, kommt zumindest die „Washington Post" nach: „Scientists acknowledge key errors in study of how fast the oceans are warming", schreibt die Zeitung am 13. November 2018, allerdings mit dem Hinweis, dass die Studie mit den Rechenfehlern dennoch die Erkenntnisse anderer Institute bestätige.

***

Kiribati, ein Südseeparadies, versinkt seit Jahrzehnten im Meer, immer wieder und immer noch, zumindest in den Medien. Nur Klimaleugner wollen die Katastrophe nicht sehen.

Es verwundert nicht, dass sich der „Spiegel" in der Reihe der alarmistischen Medien besonders deutlich hervortut. „Der Meeresspiegel steigt unaufhaltsam" und „die Sintflut hat bereits begonnen. Und sie wird nicht, wie die biblische, nach 150 Tagen wieder zurückgehen. Sie wird bleiben", heißt es in der Titelgeschichte am 1. Dezember 2018.[151] South Tarawa (Kiribati) liegt nur 2 Meter über dem Meer, drei Siedlungen auf Kiribatis östlichem Atoll Kiritimati sind schon zur Hälfte untergegangen, „Wellen erhoben sich auf der einen Strandseite und fielen, so wenig Land war übrig, auf der anderen Seite wieder ins Meer." Und diesen Tenor übermittelt die gesamte lange „Spiegel"-Geschichte. Einer der Autoren dieses Berichtes hat „zentrale Teile des Textes verfasst", der Autor heißt Claas Relotius. Sein Beitrag hat „sich nach einer Überprüfung in wesentlichen Punkten als gefälscht herausgestellt", schreibt das Magazin nach Aufdeckung der Machenschaften des prominenten Reporters. Relotius hat es nicht bis in die Südsee geschafft, sondern ist offenbar lieber in Los Angeles geblieben und hat von dort aus gesehen, wie Kiribati im Meer versinkt. Aber Relotius' Geschichte passt gut in die Katastrophen-Kampagne des „Spiegel".

Der „Spiegel" ist nicht alleine. Kiribati geht seit vielen Jahren unter, und kaum eines der einschlägigen Medien hat es sich ver-

sagt, auf die Folgen der Klimakatastrophe in der Südsee hinzuweisen. „Kiribati - Ein Südsee-Paradies versinkt", schreibt die
„Zeit-Online" am 23. Juni 2013, „Weltklima und seine Folgen -
Eine Nation vor dem Untergang", heißt es im „Handelsblatt Online" am 5. November 2017, „Inselstaat vor dem Untergang - Kiribati bereitet seinen Umzug vor", meldet die „Welt" am 4. Juli
2014. Die öffentlich-rechtlichen Rundfunkanstalten fehlen nicht
im Geleitzug der Warner: „Kiribati - Ein Südseeparadies versinkt
im Meer" (SWR Fernsehen 21. Juli 2016), „Kiribati: Wo sich das
Meer die Inseln holt" (ARD-Weltspiegel 5. November 2017) und
noch einmal „Kiribati - Ein Südseeparadies versinkt im
Meer" (BR-Fernsehen 18. Januar 2018).

Rund 110.000 Einwohner des mitten im Pazifik gelegenen
Staates stehen seit Jahrzehnten im Blickpunkt der Medien. Kiribati eignet sich bestens dazu, öffentlichkeitswirksam die Folgen
eines Anstiegs des Meeresspiegels auszumalen, zumal jeder Bericht mit Fotos oder Filmen einer paradiesischen Landschaft angereichert werden kann. Diese Bilder, gekoppelt mit den Begriffen „Paradies" und „Untergang", sollen beim Leser oder Fernsehzuschauer Emotionen bewirken, nicht aber Informationen vermitteln, deren differenzierte Betrachtung zu einer Beurteilung führen
könnte, die im Ergebnis nichts mit dem Klimawandel zu tun hat.
Es ist fast ausschließlich von der Dramatik untergehender Inseln
die Rede, wissenschaftliche Erkenntnisse, die Veränderungen in
der Inselwelt der Südsee nicht mit der „Klimakatastrophe" in
Verbindung bringen, sondern auf tektonische Veränderungen und
Erdbeben zurückführen, werden von vornherein ausgeklammert.
Sie passen nicht ins Weltbild.

Mit einem Foto aus Kiribati illustriert der „Spiegel-Online" auch einen Bericht über die Klimakonferenz in Kattowitz im Dezember 2018.[152] Der Leser wird eingestimmt durch das „Dämmerung in Kiribati" bezeichnete Foto, das einen feuerroten dramatisch bewölkten Himmel zeigt, vor dem Häuser und Bäume nur noch als Schatten zu erkennen sind. Gerade geht die Sonne im Hintergrund gelbgleißend unter. Das von den Wolken rötlich verwandelte Licht spiegelt sich im Wasser des Vordergrundes, der zu zwei Dritteln das Foto ausfüllt. Eine gegen das Licht nicht gut zu erkennende Gestalt, möglicherweise eine Frau mit geschürztem Rock, watet durch das Wasser auf den Zuschauer zu. Das Wasser steht der Gestalt bis zu den Knien. So muss der Weltuntergang aussehen, aber die Weltrettung naht: „Weltgemeinschaft schafft Drehbuch für die Weltrettung", heißt die Überschrift zu diesem Dramolett. Und die Redaktion schafft es mit diesem Beitrag, ein neues Beispiel für ein Drehbuch der manipulativen Berichterstattung abzuliefern.

Es gibt jedoch noch Medien, wenn auch wenige, die die unisono verbreiteten Meldungen versinkender Inseln kritisch betrachten, beispielsweise die „Basler Zeitung".[153] In einem Interview mit dem schwedischen Ozeanographen Nils-Axel Mörner, der unter anderem Präsident der Inqua-Kommission für Meeresspiegel-Veränderung und Küstenentwicklung gewesen ist, bevor die Inqua (International Union for Quarternary Research) diese Kommission, vermutlich wegen „Klimaleugnung", aufgelöst hat. Von diesem Wissenschaftler erfahren die Leser der „Basler Zeitung", dass der Meeresspiegel an den südpazifischen Inseln, beispielsweise in Kiribati, keineswegs angestiegen sei und Messungen des Meeresspiegels die ständigen Warnungen vor dem Untergang dieser Inselgruppen nicht bestätigten. Auf die Frage, warum viele Klimaforscher vor versinkenden Inseln warnten, antwortet Mörner, weil diese eine politische Agenda hätten, der vom UN-Weltklimarat IPCC (Intergovernmental Panel on Climate Change) unterstützt werde, einer Organisation, die eigens dafür gegründet worden sei, den menschengemachten Klimawandel darzustellen. Eine „quasi-religiöse Bewegung" werde von öffentlichen Forschungsgeldern unterstützt.

Es ist an dieser Stelle nicht zu untersuchen, wie valide die Argumente des Klimaexperten Mörner oder diejenigen seiner wissenschaftlichen Gegner sind, sondern lediglich, ob und wie die unterschiedlichen Positionen zur Klimaentwicklung in den Medien dargestellt werden. „Klimaleugner", die diffamierende, absurde Bezeichnung deutet bereits darauf hin, dass es sich nicht lohne, sich mit ihnen argumentativ auseinanderzusetzen, „Klimaleugner" also haben von vornherein kaum Gelegenheit, sich in der Weise bemerkbar zu machen, dass eine faktenbasierte Auseinandersetzung mit ihnen erfolgt. Und wenn die „Klimaleugner" in den Medien überhaupt thematisiert werden, dann in der Weise, dass sie schuld sind an „gezielter Desinformation": „Die Klimaleugner (nicht in Anführungszeichen) haben einen Keil zwischen Wissenschaft und Medien getrieben", und sie führen „Krieg gegen die Wahrheit", konstatiert die „Zeit", die natürlich die Wahrheit kennt.[154]

Die Veröffentlichungen des UN-Weltklimarates hingegen erfahren immer eine breite Aufmerksamkeit in den Medien, und die von dieser Institution verbreiteten Meldungen gelten grundsätzlich als glaubwürdig, wenn auch in den dreißig Jahren seit Bestehen des UN-Weltklimarates gelegentlich Kritik an einzelnen Feststellungen des Klimarates geäußert wird, Kritik, die allerdings schnell wieder verstummt. Der Sonderreport 2018 des UN-Weltklimarates wird wohlwollend in den Medien gewürdigt.

„Globale Erwärmung - Weltklimarat drängt zum Handeln", meldet die „tagesschau.de",[155] „Klimarat fordert raschen Umbau der Weltwirtschaft", schreibt die „Zeit" mit der Unterzeile „Der IPCC-Bericht stellt klar: Die Erde erwärmt sich schneller und mit ernsteren Folgen als angenommen"[156], und die „Süddeutsche Zeitung" alarmiert: „Weltklimarat hält „nie dagewesene Veränderungen" für nötig."[157] Die „Süddeutsche Zeitung" garniert den Bericht mit einem Foto, das, mit einem Fischaugen-Objektiv aufgenommen, die Perspektive verfälscht: Zwei Boote sind zu sehen, Wracks, eines davon ohne Planken inmitten einer (verzerrt) unendlich erscheinenden Wüste ohne jegliche Vegetation. Die „Zeit" hat ein Foto eines einsamen Baumes „im von Dürre geplagten Walgett im australischen Neusüdwales" ausgewählt, wobei dieses Foto beim Betrachter doch Verwunderung hervorruft, denn Walgett ist eine kleine Hafenstadt mit rund 1.600 Einwohnern am Zusammenfluss des Barwon River und des Namoi River, also einer gemeinhin nassen Gegend, die nun vollkommen ausgetrocknet sein soll. Und die „tagesschau.de" hat ihren Bericht mit einem Foto eines ausgetrockneten Flussufers angereichert, ein Foto, das nur so entstanden sein kann, dass der Fotograf sich auf den Bauch gelegt hat, um die trockenen Sedimente des Flussufers im Abstand weniger Zentimeter zu fotografieren, so dass die Sedimente gute zwei Drittel des Bildes ausfüllen.

Der im Fernsehen gezeigte Bericht der „Tagesschau" über die Veröffentlichung des UN-Weltklimarates zeigt im Beitrag nacheinander Schreckensbilder von ins Meer abbrechenden Eisbergen, von Eisschollen, übergangslos dann verdorrte Bäume in Afrika und eine Straße, auf der Autos durch „Überflutungen" (so der Kommentar) fahren. Dann sendet die „Tagesschau" zwei Bilder von Industrieanlagen und Bilder eines Braunkohlebaggers mit der dazu gehörenden Förderbrücke zum Abbau von Braunkohle, mit einem Filmausschnitt, der die Schaufelräder der Anlage aus unmittelbarer Nähe zeigt, so dass die Kohle direkt vor dem Zuschauer hochgeworfen wird und große Mengen Staub aufwirbelt. Im Hintergrund sind die Masten einer Hochspannungsleitung zu sehen. Aber es besteht Hoffnung: Am Ende des Beitrags kann der Zuschauer sehen, dass hinter der Braunkohlegrube Windräder stehen. „Umweltverbände fordern, noch konsequenter auf erneuerbare Energien umzustellen", heißt es in der Kommentierung der Bilder.

Hier zeigt sich musterhaft an diesem 8. Oktober 2018, dem Tag, an dem die Beiträge über den UN-Weltklimarat veröffentlicht werden, wie die genannten Medien kritiklos einen Bericht des IPCC übernehmen und den Aussagen des Berichtes durch manipulative Hilfestellungen Nachdruck verleihen. Dabei wäre es stattdessen durchaus angebracht, das Elend der Debatte über vermutete Klimaveränderungen daran aufzuzeigen, wie sehr die Berichte über die Klimaveränderung von Lobbygruppen und von den Zielsetzungen der Institutionen in diesem Fachgebiet beeinflusst werden. Beispielsweise könnte der Öffentlichkeit gelegentlich deutlich gemacht werden, dass eine Organisation wie das IPCC, die am 6. Dezember 1988 mit Beschluss der UN-Generalversammlung gegründet worden ist,[158] das Ziel hat, „Belege zu sammeln für eine Erderwärmung und nachzuweisen, dass die Ursache menschliche Aktivität ist." Die Frage lautet nicht, ob Klimaveränderungen menschengemacht sind, sondern es wird vorausgesetzt. Und daher kommt der IPCC folgerichtig in den Reports zu eben diesem Ergebnis. Zwar sind die Aufgaben des IPCC mit einigen Konjunktiven beschrieben, etwa dass „menschliche Aktivitäten das globale Klima verändern könnten" und die „globale Erwärmung", die offensichtlich feststeht und nicht in Frage zu stellen ist, dass die „globale Erwärmung" also zu einem „eventuellen Anstieg des Meeresspiegels" führen könnte, jedoch ist die tatsächliche Ausrichtung des IPCC eindeutig: Ein Klimawandel findet statt, und er ist menschengemacht.

***

Ein Wunderkind erklärt den Klimawandel. Die Medien, nahezu alle Medien, berichten mit Verzückung über eine Ikone, eine fünfzehnjährige Schulschwänzerin aus Schweden.

Anstelle trockener faktenorientierter, möglicherweise konträrer Darstellungen des komplexen Themas Klima, konzentrieren sich die Medien in ihren Berichten gerne auf Reportagen im Stil des Boulevards.

Die Boulevard-Medien, also fast alle, Fernsehen, Zeitungen, Magazine, sie bejubeln ein Wunderkind. Sie haben eine „Galionsfigur der Klimaschutzbewegung" entdeckt, eine „Ikone", ein „Klima-Wunderkind", ein „starkes Vorbild" für Klimaaktivisten. Die „Ikone" ist ein fünfzehnjähriges Mädchen, das am 20. August 2018 vor dem schwedischen Reichstag mit einem Plakat mit der Aufschrift „Skolstreijk för klimatet" hockt und die Schule schwänzt.

Greta Thunberg heißt das Mädchen, das vom Asperger-Syndrom, einer Entwicklungsstörung, und anderen Erkrankungen, wie dem ADHD (Attention Deficit Hyperactivity Disorder) betroffen ist, wie die Mutter des Mädchens, aber auch das Mädchen selber, öffentlich herausstellen.[159] Das Mädchen sagt, sie sehe aufgrund ihrer Erkrankung die Welt aus einer anderen Perspektive, bei der es sehr üblich sei, dass Menschen im Autismus-Spektrum ein besonderes Interesse hätten. Mit neun Jahren sei Gretas Interesse am Klimawandel geweckt worden, weil die Eltern immer gesagt hätten, das Licht solle ausgeschaltet und Wasser gespart werden, um dem Klimawandel entgegenzuwirken.

Greta Thunberg hält vier Monate nach ihrem Protest vor dem schwedischen Reichstag bei der UN-Klimakonferenz im polnischen Kattowitz (2. bis 15 Dezember 2018) eine Rede, die in die Rubrik „Schnell fertig ist die Jugend mit dem Wort" (Schiller, Wallensteins Tod, 2. Akt) hätte eingeordnet werden können, wenn nicht die Medien die „Ikone" entdeckt und in aller Ausführlichkeit über diese Rede berichtet hätten, die nur wenige Sätze umfasst. In ihrer vom Blatt abgelesenen „Rede vor den versammelten Vertretern" findet die schwedische Schülerin „die klarsten Worte", bemerkt das „Handelsblatt". Der „stern" hat eine erschütternde Rede vernommen: „Erschütternde Rede: 15-jährige Aktivistin rechnet bei Klimagipfel mit Politikern ab", „Bild" hat die „ehrlichste Rede" gehört, bei der „Berliner Zeitung" sorgt die „Ansprache für Gänsehaut" und die „taz" stellt fest, dass Gretas Schulstreik „die Welt" bewegt. Die Medien sind in einen Überbietungswettbewerb der Superlative eingetreten. Vor Ort sind die erschütterten Journalisten mit Gänsehaut allerdings nicht anzutreffen. Greta Thunberg spricht in einem großen Saal für einige hundert Zuhörer vor leeren Stühlen.

Das Aufsehen, das die Medien aus der Rede der „Ikone" machen, steht in einem diametralen Gegensatz zu der Interessenbekundung der Teilnehmer der Klimakonferenz. Das schwedische

Magazin „Samhällsnytt" beschreibt, wie es bei Gretas Rede im Veranstaltungssaal aussieht. Unter dem Titel „Staatsfernsehen mit gefälschter Nachrichtenoffensive: Greta Thunberg sprach beim „Klimatreffen vor leeren Stühlen („Statstelevisionen i fake news-offensiv: Greta Thunberg talade inför tomma stolar på klimatmötet"), unter diesem Titel zeigt „Samhällsnyt" Fotos aus dem Konferenzsaal unmittelbar nach der Rede Gretas. In dem Saal hält sich lediglich ein knappes Dutzend Menschen auf, teilweise mit Laptops beschäftigt. Es interessiert sich kaum jemand dafür, was ein fünfzehnjähriges Mädchen sagt.

Die Rede, gerade einmal dreieinhalb Minuten lang, offenbarte eine einem fünfzehnjährigen Mädchen durchaus angemessene Unbekümmertheit, wenn denn der Text von Greta Thunberg verfasst worden wäre. Es müsse „Klartext" geredet werden, sagt sie, „schlechte Ideen" hätten uns in die Misere gebracht, und jetzt sei es sinnvoll, die „Notbremse" zu ziehen, es gehe um „Klimagerechtigkeit" und um einen lebenswerten Planeten. Unsere Zivilisation werde für die Chancen einer kleinen Gruppe von Menschen geopfert, die immer mehr Geld verdienen wollen, und daher müsse der Fokus auf Gerechtigkeit gelegt werden und das System geändert werden. „Uns läuft die Zeit davon! (…) Die wirkliche Macht gehört den Menschen."[160]

Ausführlich berichten die Medien über dieses kurze Statement der „Klimaaktivistin", allerdings weitgehend die Eingangsbemerkung des Mädchens überhörend, sie spreche „im Auftrag von Climate Justice Now", einem 2007 gegründeten Bündnis von Nichtregierungs-Organisationen (NGOs), die eine besonders kritische Haltung gegenüber westlichen Wirtschaftsformen einnehmen und also das „System" ändern wollen. Die „Ikone" Greta spricht also im Auftrag der Systemveränderer.

Über die obskure Organisation „Climate Justice Now" lässt sich nur wenig in Erfahrung bringen, ein Umstand, der es erklären könnte, dass die Medien großzügig darauf verzichten, sich überhaupt mit Details auseinanderzusetzen, die das Bild der Klimaaktivistin beschädigen könnten. Laut Webseite der Organisation ist der Verein ein „Netzwerk von Organisationen und Bewegungen aus aller Welt, die sich für den Kampf für soziale, ökologische und geschlechtliche Gerechtigkeit einsetzen." Ein Impressum ist nicht vorhanden, es ist nicht erkennbar, wer hinter dem Zusammenschluss steht, es ist nicht ersichtlich, wo der Sitz der Organisation ist. Die letzte aktuelle Information auf der Webseite trägt das Datum des 14. März 2012. Aber Greta spricht im Auftrag von „Climate Justice Now".

Die PR-Kampagne für Greta Thunberg funktioniert bestens, wie die in ihrer Anzahl unüberschaubaren Medienberichte zeigen. Berichte darüber, wie die PR-Aktivitäten des jungen Mädchens von Umweltschutzorganisationen gesteuert werden, die teilweise ihren arg militanten Charakter nicht einmal versuchen zu kaschieren, sondern im Gegenteil deutlich herausstellen, diese Berichte über Hintergründe der Medienkampagnen sind die seltene Ausnahme. Die „Weltwoche" in der Schweiz, die in einem Artikel im Januar 2019 („Wir basteln uns eine Klima-Ikone") die Wechselbeziehungen zwischen den gleichgerichteten Berichten der Mainstream-Medien und Umweltschutz-Organisationen beleuchtet hat, gehört zu den wenigen Ausnahmen.[161] Die treibende Kraft hinter der PR-Kampagne ist nach Darstellung der „Weltwoche" der Schwede Ingmar Rentzhog, der Gründer und CEO der aggressiven Umweltschutzorganisation WeDontHaveTime AB, der laut Linkedin noch in zwölf weiteren Umweltschutzverbänden aktiv ist oder aktiv gewesen ist. WeDontHaveTime AB hat den Anspruch, der Welt größtes Netzwerk für Klima-Aktionen aufzubauen. Radikaler als das Wirtschaftsunternehmen WeDontHave-Time AB ist die Umwelt-Organisation Extinction Rebellion, die mit Massenprotesten, Sitzstreiks und Flashmobs „gegen das Aussterben rebelliert" (Extinction Rebellion). Auch diese Organisation fördert Greta Thunberg.

***

Kiribati versinkt schon wieder in der Südsee.

Die Klimakonferenz in Kattowitz ist ein voller Erfolg. 22771 Teilnehmer können sich für die Teilnahme an der Klima-Konferenz erwärmen, so dass insgesamt 198 Staaten und 1244 Organisationen in Kattowitz vertreten sind. Kiribati ist mit zwanzig Delegierten angereist, darunter Präsident Taneti Maamau nebst seiner Gattin, der First Lady Teiraeng Maamau.[162] Der Präsident der

Republik Kiribati wird allerdings von den Medien nicht wahrgenommen, denn er vertritt zum Klimawandel eine Ansicht, die nicht mit der einhelligen Meinung der Klimaaktivisten konform geht. Maamau sagt, der Klimawandel sei real, jedoch nicht menschengemacht. Deshalb sei die Absicht seiner Regierung, das irreführende und pessimistische Szenario einer untergehenden Nation zu korrigieren („put aside the misleading and pessimistic scenario of a sinking, deserted nation"). Dieses Statement hat Maamau bereits auf der vorjährigen Klimakonferenz in Bonn abgegeben.[163]

Präsident Maamau erhält als Klimaleugner so gut wie keine Aufmerksamkeit der Medien, lediglich die „Washington Post" bringt einen Artikel zu der Häresie, mitverfasst vom vorherigen Präsidenten Anote Tong mit der Überschrift: „Unsere Insel verschwindet, aber der Präsident weigert sich zu handeln" („Our island is disappearing but the president refuses to act").[164] Garniert ist der Artikel mit einem Foto eines Dorfes in Kiribati. Der Fotograf dieses Bildes hat seine Kamera offensichtlich wenige Zentimeter oberhalb der Wasseroberfläche positioniert, eine Welle abgewartet und so eine Situation fotografiert, bei der mehr als die untere Hälfte des Bildes von Wasser bedeckt ist und im oberen Teil das Wasser höher als das Land steht. Vielleicht ist das Bild auch nachbearbeitet worden, denn die wellige Wasseroberfläche ist sehr scharf vom übrigen Teil des Bildes abgetrennt und wirkt daher so, als wäre das Meer im Nachhinein in dem Bild „korrigiert" worden. Unabhängig von einer möglichen Veränderung des Fotos ist die Botschaft des Bildes eindeutig: Das traditionelle Dorf unter Palmen wird in wenigen Sekunden vom Wasser verschlungen werden. Es zu spät: Kiribati kann nicht mehr gerettet werden.

Das Katastrophen-Foto stammt von Matthieu Rytz, der über den versinkenden Inselstaat und den Ex-Präsidenten Kiribatis, Anote Tong, einen Film gemacht hat („Anote´s Ark", „Anotes Arche"). Rytz habe ein Auge für gute und starke Bilder, für die er sich auch mit einer Unterwasserkamera in die Brandung stelle, heißt es in einer Rezension seines Filmes.[165]

Wie beim Thema Klimawandel mit Fotos die gewünschten Gefühle beim Betrachter hervorgerufen werden können, hat der britische „Climate Outreach" untersucht und im Ergebnis Handreichungen erarbeitet sowie eine Datenbank initiiert, die nicht nur die üblichen Bilder zeigt, die mit immer gleichen Motiven von der Klimakatastrophe künden: Elefanten an ausgetrockneten Wasserlöchern, zurückgehende Gletscher und immer wieder Eisbären, die auf der letzten Eisscholle traurig in die Kamera blicken, Kühltürme von Kraftwerken, aus denen zwar nur kondensierender Wasserdampf entweicht, der aber in seiner nebligen Konsistenz die Assoziation hervorrufen kann, der kondensierte Wasserdampf vergiftete mit Abgasen die Umwelt. Künftig sollten diese Bilder besser vermieden werden, empfiehlt „Climate Outreach", weil sie nicht ausreichend an Emotionen appellieren. Und vielleicht ist auch der Rat angebracht, nicht immer die selben Fotos und Videoaufnahmen zu zeigen, die das Publikum seit Jahren kennt, wie beispielsweise das Video des dramatischen Abbruchs einer Eiswand in der Arktis, mit dem die „Tagesschau" ihre Katastrophen-Berichte beständig anreichert.

Die Leser oder die Fernsehzuschauer werden also demnächst, so lautet die Empfehlung des „Climate Outreach", häufiger Bilder mit Einzelpersonen aus ihrer näheren Umgebung sehen, die dem Publikum vor Augen bringen sollen, dass Menschen direkt nebenan von den Unbilden des Klimawandels betroffen sind und nicht nur die Eisbären in einer fernen Welt. „Zeigen Sie echte Menschen, erzählen Sie neue Geschichten, zeigen Sie lokale Auswirkungen auf das Klima und zeigen Sie Auswirkungen, die emotionale Effekte hervorrufen", heißt es in einer Handlungsanweisung eines „Climate Outreach Projektes".[166]

Auch die öffentlich mit Hilfe der Medien zur Geltung gebrachten Auftritte jugendlicher „Aktivisten" eignen sich gut dazu, emotionale Wirkungen unter Ausschaltung kritischer Rationalität hervorzurufen. Ob es nun ein zwölfjähriges Mädchen ist, wie Severn Suzuki, das auf der ersten UN-Konferenz 1992 über Umwelt und Entwicklung in Rio de Janeiro die „Welt zum Schweigen brachte" oder das Duplikat, ein fünfzehnjähriges Mädchen, wie Greta Thunberg in Kattowitz als „Klima-Ikone": In beiden Fällen begeistern sich Medien bedenkenlos über naive Jugendliche.

***

Die deutschen Medien verkünden jauchzend neue Er-
kenntnisse des schwedischen Wunderkindes über die deut-
sche und weltweite Energiepolitik. Sachfundierte Analysen
zur „weltweit dümmsten Energiepolitik", die Deutschland
betreibe, bleiben dagegen unter der Decke.

„Die schwedische Klimaaktivistin Greta Thunberg findet klare Worte für den deutschen Kompromiss zum Kohleausstieg",verkündet die „Welt" und zitiert das mittlerweile 16-jährige Mädchen mit dessen Urteil zum Bericht der von der Bundesregierung eingesetzten Kohlekommission, noch bis zum Jahr 2038 Kohle zur Stromerzeugung zu verbrennen, so: „Das ist absolut absurd."[167] Das Kind meint, der Ausstieg solle sofort erfolgen.

Auch der „Spiegel" beeilt sich, die Erkenntnisse des Kindes umgehend zu verbreiten.[168] Ob Greta Thunberg den 336-seitigen Abschlussbericht der Kohlekommission vom 26. Januar 2019, der den irreführenden Titel „Wachstum, Strukturwandel und Beschäftigung" trägt, gelesen hat, melden die Medien nicht. Zitierenswert ist die „Ikone" für manche Medien jedoch immer. Wenn die junge Expertin zur Stromerzeugung in Deutschland zu einem Urteil kommt, erübrigt sich auch die Nachfrage in den Redaktionsstuben, ob es möglicherweise eine Begründung für ihr Verdikt gäbe. Es genügt, dem Publikum zu melden: „Greta hat verkündet...". Die Huldigung ist für solche Leser, die sich ihrenVerstand bewahrt haben, unerträglich. Die anderen Leser erfreuen sich an den

Darstellungen der Medien, die auf die Emotionen des Publikums setzen und jede Sottise ungehemmt verbreiten.

„Die dümmste Energiepolitik der Welt" lautet am 29. Januar 2019 die Überschrift eines Meinungsartikels in einer internationalen Zeitung. Die dümmste Energiepolitik ist die deutsche Energiepolitik, denn „nach dem Verzicht auf die Atomkraft will Deutschland die Kohle aufgeben" heißt es in der Unterzeile der Überschrift. Der kritische Zeitungsartikel klassifiziert die gesamte europäische Umweltpolitik, darunter auch die Erhöhung der Treibstoffsteuer in Frankreich, als dumm, „aber selbst nach dem (französischen) Standard ist der neue Plan Deutschlands, die Kohle aufzugeben, bemerkenswert. Nachdem Berlin unzählige Milliarden Euro für erneuerbare Energien verschwendet und die deutschen Haushalte und Unternehmen mit einem der höchsten Energiepreise in Europa belastet hat, verspricht Berlin jetzt, die einzige zuverlässige Energiequelle zu töten, die Deutschland geblieben ist."[169] Bald werde Deutschland vermutlich Kohlestrom aus Polen oder Tschechien importieren, der Ausstieg aus der Kohleverstromung werde an die 40 Milliarden für Ausgleichszahlungen an die Energieversorgungsunternehmen kosten.

Der Zeitungsartikel, der die deutsche Energiepolitik ohne Tabu analysiert, ist im „Wall Street Journal" erschienen, also nahezu unter Ausschluss der deutschen Öffentlichkeit. Die Leser deutscher Zeitungen werden von derartigen Erkenntnissen weitgehend verschont und stattdessen mit baldrianangereicherten Informationen über die Energiepolitik der Bundesregierung ruhig gestellt.

Das gilt auch für die Berichterstattung über die „Kohlekommission".

***

Am 26. Januar 2019 veröffentlicht die Kommission „Wachstum, Strukturwandel und Beschäftigung" ihren Abschlussbericht, der ihre Empfehlungen der „historischen Aufgabe" zur Beendigung der Kohleverstromung beschreibt. Nahezu alle Medien berichten - durchgehend positiv - über die Vorschläge der Kommission, lediglich der Zeitrahmen, das letzte Kohlekraftwerk erst im Jahr 2038 zu schließen, ruft Kritik hervor: Es sollte schneller gehen.

Die Medien berichten ausgiebig und anerkennend, dass die Kommission sogar in der Nacht vom Freitag (25. Januar 2019) auf Samstag (26. Januar 2019) stundenlang bis zum frühen Morgen an einem Kompromiss ihrer Vorschläge gearbeitet hat. „21 Stunden Verhandlungen" und „der Einstieg in den Ausstieg ist greifbar", meldet die „Tagesschau". Über den „Verhandlungskrimi" schreibt beispielsweise der „Tagesspiegel" und stellt fest, dass die Kommissionsmitglieder „dunkle Augenringe" hätten. Die ausführliche Darstellung des äußeren Rahmens der Zusammenkunft der Kommissionsmitglieder mag die Aufmerksamkeit des breiten Publikums erreichen, so dass die Berichterstattung kundengerecht ist. Die Aufgabe von Medien, die vorgeben, Journalismus zu betreiben, hätte allerdings auch sein können, über den Zustand der Stromversorgung zu berichten, beispielsweise darüber, wie an diesem Freitag der Strom in Deutschland erzeugt wird.

Während die Kommission in der Nacht verhandelt, beträgt die Leistung für Solarenergie um Mitternacht - wie nicht weiter verwunderlich - 0 Gigawatt (GW) und diejenige für Windenergie knapp 1 GW. Steinkohlekraftwerke tragen mit rund 16 GW zur Stromerzeugung bei, Braunkohlekraftwerke ebenfalls mit rund 16 GW, Gaskraftwerke mit rund 11 GW und Kernkraftwerke mit rund 10 GW. Die restliche Leistung wird mit rund 8 GW von Pumpspeicherwerken, Wasserkraft und Biomasse erbracht (insgesamt rund 62 GW). Der Leistungsanteil erneuerbarer Energien ist also überschaubar gering. Der Anteil von Wind- und Sonnenstrom an der Stromversorgung liegt auch während des gesamten 25. Januar 2019 bei lediglich 12 Prozent (0,21 TWh). Für die anderen Tage dieser vierten Woche im Jahr 2019 sind die Daten nicht wesentlich anders.[170] Eine sichere Stromversorgung wird mit erneuerbaren Energien alleine nicht möglich sein, wie sich an diesem und allen anderen Tagen zeigt.

Um zu einer journalistisch unabhängigen, eigenrecherchierten Aussage und Bewertung über die Fragwürdigkeit des ungehemmten Ausbaus „erneuerbarer" Energien bei der Stromversorgung in Deutschland zu gelangen, müssten Journalisten sich lediglich die Mühe machen, gelegentlich einen Blick in die vom Fraunhofer-Institut für Solare Energiesysteme (ISE) regelmäßig veröffentlichten Einzeldaten über die Stromproduktion zu werfen, um zu erkennen, dass für eine sichere Stromversorgung eine ausreichende Grundlast-Kapazität der Stromerzeugungsanlagen auf Basis fossiler Brennstoffe oder der Kernenergie notwendig ist. Dieser Blick in die Daten ist jedoch die seltene Ausnahme. Stattdessen verbreiten die Leitmedien lediglich regelmäßig die Erfolgsmeldungen des Fraunhofer-Instituts für Solare Energiesysteme in der Art, dass der Anteil der „erneuerbaren Energien" im Jahr 2018 auf 40,4 Prozent gestiegen sei. Die „Zeit" meldet: „Ökostromanteil steigt auf mehr als 40 Prozent" (3. Januar 2019), der „Tagesspiegel" schreibt „Ökostrom-Anteil erstmals über 40 Prozent" (3. Januar 2019) und die „Tagesschau" lässt wissen: „40,4 Prozent des Stroms sind öko."

Die „Frankfurter Allgemeine Zeitung" gehört zu den wenigen Leitmedien, die nicht in den allgemeinen Jubel über den „Ökostrom" einstimmen, sondern feststellt: „Deutscher Ökostromanteil wird systematisch überschätzt" und dabei - allerdings sehr vorsichtig - darauf hinweist, dass für die Beurteilung der Versorgungssicherheit Durchschnittszahlen „schlecht zu gebrauchen seien", weil an manchen Tagen „der Wind nicht weht und die Sonne nicht scheint." (3. Januar 2019). Die Durchschnittszahlen sind, dieses Resümee erspart sich die „FAZ" unter dem Gesichtspunkt der sicheren Stromversorgung nicht nur schlecht zu gebrauchen, sie sind überhaupt nicht zu gebrauchen, denn zu jedem Zeitpunkt müssen Stromnachfrage und -erzeugung übereinstimmen.

Dennoch ist die „FAZ" eines der wenigen Medien, die nicht, oder besser manchmal nicht, auf Linie sind. Am 15. Februar 2019 veröffentlicht die Zeitung einen Kommentar von Holger Steltzner mit dem Titel „Klimareligion mit Ablasshandel", in dem der Autor feststellt, die Rettung des Weltklimas habe für große Teile der deutschen Gesellschaft mittlerweile den Rang einer Ersatzreligion und fragt, ob derjenige ein Ketzer sei, der daran zweifele, „ob die eine Billion Euro, mit der hierzulande Steuerzahler und Stromverbraucher Wind-, Solar-, Biogasanlagen und Netze fördern müssen (die Hälfte unserer Staatsverschuldung!) klug investiert wird."[171] Die Antwort ist einfach: Ja, derjenige der zweifelt, ist ein Ketzer. Es sei die Vermutung erlaubt, dass der konservative Journalist Steltzner für die Zeitung nicht mehr tragbar gewesen ist. Vier Wochen nach der Veröffentlichung des kritischen Artikels schreibt die „FAZ" in einer Pressemitteilung, Steltzner sei aus dem Kreis der Herausgeber der Zeitung ausgeschieden, denn „die Grundlage für eine weitere vertrauensvolle Zusammenarbeit mit den anderen Herausgebern war nicht mehr gegeben."

Jetzt kann wieder Kurs gehalten werden.

Die Leitmedien verzichten nicht nur darauf, deutlich auf die absurden Vorstellungen der Kohlekommission zur künftigen sicheren Stromversorgung mit stabilen Preisen hinzuweisen, sondern auch darauf, das Publikum auf die fragwürdigen sozialen Abfederungen aufmerksam zu machen, die für die einzelnen vom Kohleausstieg betroffenen Bundesländer vorgeschlagen werden. Da ist die Rede davon, diverse Ortsumgehungen zu bauen, Innovationswettbewerbe durchzuführen, Wertschöpfungsketten in der

Fischwirtschaft zu entwickeln, neue Gleisanschlüsse zu bauen, lebenslanges Lernen zu fördern, das immaterielle Kulturerbe der Sorben zu sichern, Tanzworkshops in der Lausitz zu veranstalten, ein Kindererholungsheim und eine Trampolinhalle zu bauen oder eine Eisrettungsplattform zur ersten Hilfe am Bärwalder See zu installieren. Es geht für die vom Kohleausstieg betroffenen Bundesländer darum, einen möglichst hohen Anteil von den 40 Mrd. Euro als Entschädigung zu erhalten. Die Sicherheit der Energieversorgung spielt keine Rolle.

Eher unauffällig melden manche Medien die Kritik des Münchner ifo-Instituts am Bericht der Kohlekommission. Der Kohleausstieg werde zumindest teilweise durch Importe von Atom- und Kohlestrom aus Polen und Tschechien ausgeglichen, erwartet das ifo-Institut. Nach aktuellen Schätzungen seien zudem „weit über 1.000 Milliarden Euro zusätzliche Investitionen bis zum Jahr 2050" erforderlich, und ein Plan zur Umsetzung der Klimaziele fehle.[172]

Ein kurzer Blick nach Österreich hätte gereicht zu erkennen, wie fragil die Stromversorgung in Deutschland ist. Nicht in Deutschland, sondern in Österreich berichten Medien darüber, dass die Instabilität des deutschen Stromnetzes dazu geführt hat, dass die Linz AG im Nachbarland im Geschäftsjahr 2017/2018 an 100 Tagen, also jeden dritten Tag, Gasturbinen hat anwerfen müssen, um die Netzstabilität in Europa aufrechtzuerhalten.[173] Diese Information passt nicht in das heile Bild einer gelingenden Energiewende.

Der weitgehende Verzicht der Medien, die komplizierten Zusammenhänge darzustellen, ist allerdings nachvollziehbar: Das Publikum möchte es nicht wissen.

***

Die in diesem Kapitel angeführten Beispiele eines kampagnenaffinen Journalismus lassen wenig Hoffnung aufkommen, dass in absehbarer Zeit ein grundlegender Wandel der im Mediensystem konformistisch eingebetteten Journalisten zu erwarten wäre. Eine Entwicklung des Journalismus mit erfreulicher Aussicht gewinnt jedoch ein immer größeres Publikum, ein Publikum, das sich gegenüber Manipulationen und Propaganda, wenn auch nicht resistent, so doch kritisch zeigt. Meine Zuversicht erläutere ich im Schlusskapitel dieses Buches.

9. Was wird sein?

„Propaganda gewinnt immer, wenn man es zulässt. "

Der australische Journalist John Pilger berichtet in einer Buchbesprechung über ein Gespräch mit Leni Riefenstahl, der innovativen genialen Dokumentarfilmerin Hitlers („Triumph des Willens", „Der Sieg des Glaubens", „Olympia"), die er in den 1970er Jahren getroffen hat.[174] Sie habe Pilger bei dieser Begegnung gesagt, ihre Filme seien nicht von „Befehlen von oben" abhängig gewesen, sondern von der „unterwürfigen Leere" einer uninformierten Öffentlichkeit. Auf die Frage Pilgers, ob dies auch das liberale, gebildete Bürgertum mit einschlösse, antwortet Leni Riefenstahl: „Allesamt, Propaganda gewinnt immer, wenn man es zulässt." („Everyone, propaganda always wins, *if you allow it*", im Original kursiv geschrieben).

Das Buch, das Pilger bespricht und dessen Vorwort er geschrieben hat, heißt „Propaganda Blitz - How the Corporate Media Distort Reality)". Die Autoren David Edwards und David Cromwell beschreiben in ihrem Buch, dokumentiert in vielen Beispielen, wie Journalisten sich in den Dienst einer Propaganda stellen, die von PR-Firmen gesteuert wird. Als Propaganda Blitz bezeichnen die beiden Autoren solche Manipulationen der Medien, die dazu dienen, als „Feinde" ausgemachte Personen oder Institutionen anzugreifen und zu diskreditieren. Die Medien schleudern ihre Propaganda-Blitze, indem sie Behauptungen über angebliche Beweise aufstellen, die Behauptungen mit hoher emotionaler Intensität und moralischer Empörung verbreiten und die Personen verurteilen, die den offensichtlichen Konsens in Frage stellen. Dabei müssen die Medien deutlich machen, dass an ihrer Sicht der Dinge keinerlei Zweifel bestehe, damit die Öffentlichkeit das Gefühl hat, dass es keine vernünftige Grundlage für Unsicherheit über die verbreiteten vermeintlichen Informationen gibt. Unermüdliche Wiederholungen der Propaganda über Wochen, Monate und Jahre, am besten von unterschiedlichen Medien und Journalisten verkündet, dienen dazu, den Eindruck eines fundierten Konsenses zu erwecken.

Die Illusion eines fundierten Konsenses ist die Schlüsselkomponente eines Propaganda-Blitzes, denn eine maximale öffentliche Wirkung ist dann zu erzielen, wenn vermeintliche Informationen über das gesamte mediale Spektrum geltend gemacht werden und somit den Eindruck erwecken, dass die Aussagen wahrheitsgemäß sind. Am besten ist es, wenn bekannte progressive Journalisten sich der Propaganda anschließen, weil es dann schwierig wird, an der angeblichen Wahrheit zu zweifeln.

Die im Buch „Propaganda Blitz" analysierten Kampagnen betreffen vorwiegend Themen, die in angelsächsischen Medien behandelt worden sind, so beispielsweise die diskutierte Schottische

Unabhängigkeit von Großbritannien, der Abbau des nationalen Gesundheitswesens oder die „BBC als Propaganda-Maschine". Es fällt jedoch nicht schwer, Propaganda-Themen aufzulisten, die von deutschen Medien gebetsmühlenartig verbreitet werden.

Europa droht verstrahlt zu werden, und viele von uns erwartet der Atomtod, weil in der Ukraine ein Atomkraftwerk explodiert ist („Tschernobyl" heißt des Schreckenswort). Der „Rinderwahn" rafft ein paar Jahre später weitere Teile der Bevölkerung dahin, so dass nur noch wenige Überlebende nachbleiben, die sodann Opfer der „Vogelgrippe" werden. Die Menschheit insgesamt ist gefährdet, denn wenn die „Eiszeit" das Leben gerade einmal nicht bedroht, macht uns die „Heißzeit" nahezu den Garaus, und das „Ozonloch" tut das Übrige, um der Menschheit den Rest zu geben. Dagegen ist das Grauen, das Chlorhühnchen oder Genmais auslösen, geradezu eine Petitesse.

Heute besteht bei den hiesigen Medien weitgehender Konsens, dass der US-Präsident Donald Trump ein großes Übel für die Welt bedeutet, der Klimawandel menschengemacht ist und Atomkraftwerke ebenso wie Kohlekraftwerke abgeschaltet gehören. „Erneuerbare" Energien sind zwar nach dem Energieerhaltungssatz physikalisch unmöglich, aber dennoch sind sie gut, auch wenn ihre Nutzung unwirtschaftlich ist. „Genmanipuliertes" Saatgut ist zu verdammen, und Herbizide gehören verboten, besonders dann, wenn die chemische Verbindung „Glyphosat" heißt. Die Befürchtungen von Thilo Sarrazin, die Sozial-, Finanz- und Bevölkerungspolitik der Bundesrepublik führe ins Desaster („Deutschland schafft sich ab"), sind Hetze. Die AfD gehört nicht in die Parlamente, und die Partei muss verdammt oder mit Schweigen übergangen werden, weil sie „populistisch" ist. Die Europäische Union ist gut für uns und der Euro ist alternativlos. Es ist gut, dass der Staat alles für uns regelt und das Publikum mit immer weiteren Leistungen „sozial gerecht" beglückt. „Flüchtlinge" sind gut, denn wir brauchen Fachkräfte.

Hinter jede dieser „Gewissheiten", die uns überbracht werden, wäre ein großes Fragezeichen zu setzen. Aber das Publikum fragt nicht nach. Es verlangt von den Medien beispielsweise nicht eine überzeugende Erklärung dafür, dass die Migration, auch wenn Menschen aus archaischen patriarchalischen Gesellschaften kommen, zu befürworten ist. Das Publikum stellt auch nicht laut die Frage, warum es nützlich sei, wenn die Europäische Union, die einstmals die Subsidiarität als bis heute geltendes Prinzip festgeschrieben hat, jetzt immer mehr Kompetenzen an sich zieht und somit entgegen ihrer ursprünglichen Intention die einzelnen Mitgliedsländer entmündigt. Weil wir die Fragen nicht stellen, kann die Propaganda erfolgreich sein.

Die Propaganda gewinnt, sagt Leni Riefenstahl, allerdings mit dem wichtigen Zusatz, wenn man es zulässt. Die weitgehend bequeme, uninformierte Öffentlichkeit lässt es zu.

Es erfordert eine gewisse Anstrengung des Publikums, sich zu informieren und zu fragen. Einfacher ist es, nicht genau hinzusehen und sich von der „Tagesschau" und den übrigen einschlägigen Medien, wie der „Zeit" oder der „Süddeutschen Zeitung", die die Klaviatur der politisch korrekten Dogmatik perfekt beherrschen, beruhigen zu lassen. Dann kommt das eingelullte Publikum auch nicht auf den Gedanken, Ist-Zustände ideologiefrei zu analysieren und danach mögliche, eventuell kritische, Entwicklungen abzuschätzen und sogar zu fordern, dass in Entwicklungen eingegriffen wird, die als gefährlich für unsere Gesellschaft einzustufen sind.

Diejenigen, es sind nur wenige, die immun sind gegen die subtile Propaganda, die sich ihre Kritikfähigkeit erhalten haben, werden in den Medien schnell als „Hetzer" charakterisiert, als „Verschwörungstheoretiker", die „Hass" verbreiten, wenn sie ihre von der korrekten Dogmatik abweichenden Beurteilungen öffentlich machen. Auf ihnen ruht die Hoffnung.

***

Die „rechtspopulistische Grauzone" gibt Hoffnung auf einen besseren Journalismus.

Die längerfristige Betrachtung der Zahlen verkaufter gedruckter Zeitungen oder Magazine zeigt, dass es für die Zeitungsverlage schon jahrelang bergab geht. Ein Ende dieses Prozesses zeigt sich nicht. Der Fernsehkonsum stagniert, bei jüngeren Zuschauern geht er leicht zurück. Die Ursache für diesen Verlauf erklären Journalisten gerne damit, dass die Leser und Zuschauer zunehmend digitale Medien nutzen und die herkömmlichen Medien deshalb meiden. Mit dieser Erklärung vermeiden die Verlage eine selbstkritische, sicherlich schmerzliche, Eigenanalyse, wenn sie externe, nicht beeinflussbare Gründe heranzuziehen, um als nicht verantwortlich für den Niedergang der Branche zu gelten. Die Erklärung ist allerdings zu einfach und spart die wirkliche Ursache für die Unzufriedenheit mit den Medien aus: Immer mehr Menschen sind es nach meiner Einschätzung leid, geschuriegelt, belehrt, belogen, geängstigt oder sogar beleidigt zu werden. Und für die erhaltene Schelte sollen sie dann auch noch bezahlen.

Der Leserschwund gibt Hoffnung, dass das Publikum doch nicht so dumm ist und sich auf Dauer von dem Einheitsbrei der Medien einlullen ließe, einem Einheitsbrei, der bar jeglichen Anspruchs auf sprachliche Differenzierungen von den Nachrichtenagenturen und von immer größeren Mediengruppen in linken Redaktionsstuben zubereitet, dem Publikum serviert wird. Auf längere Sicht lässt sich das Publikum, zumindest ein nennenswerter Anteil, so ist zu hoffen, nicht mit Propaganda oder Kinkerlitzchen aus dem roten und grünen Milieu der Journalisten abspeisen, die mit den Problemen, Interessen und dem realen Leben der Leser und Zuschauer nichts zu tun haben.

Die Kalamitäten der Branche haben eine eindeutige Ursache: „Niemand beschädigt den Journalismus stärker als Journalisten", diagnostiziert Dan Gainor, Vizepräsident des US-Media Research Center gegenüber „Fox News", als eine Kampagne des New Yorker Medienunternehmens BuzzFeed gegen Donald Trump sich als Lügengespinst herausgestellt hat („No one hurts journalism more than journalists").[175] Die Kampagnen deutscher Journalisten beschädigen in Deutschland den Journalismus, und das Publikum wendet sich ab. Es läuft nicht immer zu den Internet-Medien über. Es sucht Qualität, und es findet Qualität. Dazu erhält es auch manche Hilfe.

Markus Decker hat in einem Zeitungsartikel der Madsack-Gruppe mit der Überschrift „Rechtspublizistische Grauzone - Henryk M. Broder ist nicht allein" die Medien herausgestellt und kritisiert, deren publizistisches Spektrum ihm nicht goutiert.[176] Decker befördert nicht nur den bereits in der Überschrift erwähnten Henryk M. Broder in die „rechtspublizistische Grauzone", sondern auch Matthias Matussek, Rainer Meyer („Don Alphonso") und Roland Tichy, und die Medien, in denen diese Journalisten veröffentlichen, gleich mit. Allerdings teilt Markus Decker dies dem Leser nur hinter vorgehaltener Hand mit, denn er versteckt sich vorsichtshalber hinter nebulösen Formulierungen („Gleichwohl wird Broder … seit längerem einer rechtspublizistischen Grauzone zugeschlagen" und „nach allgemeiner Einschätzung") ohne uns zu verraten, wer den Standard setzt und Medien publizistischen Richtungen zuordnet.

Die „rechtspublizistischen" Medien haben beachtliche Erfolge, die um so höher zu bewerten sind, als die etablierten Medien über Jahre hinweg Abwanderungen des Publikums feststellen müssen. Die „Achse des Guten" und „Tichys Einblick" beispielsweise haben jeweils über eine Million Leser pro Monat, „Publico" lesen etwa einhundert Tausend Leser im Monat. Die Leser honorieren die journalistischen Leistungen im wahrsten Sinne des Wortes, denn diese Medien sind im Gegensatz zu manchen etablierten Print-Medien wirtschaftlich erfolgreich, die Leser würdigen, meistens mit mit ihren freiwilligen Zuwendungen, die Arbeit von Journalisten, die solide recherchieren, die häufig Fachleute auf bestimmten Gebieten sind, die ohne ideologische Verfestigungen informieren und die eine Sprache benutzen, die frei von Kampfbegriffen ist.

Die bereits erwähnten Journalisten der „rechtspopulistischen Grauzone", Henryk M. Broder, Matthias Matussek, Rainer Meyer und Roland Tichy, gehören zu dieser Riege. Sie sind jedoch bei weitem nicht allein, sondern in den genannten Medien finden sich zahlreiche Autoren gleichen Zuschnitts.

Die Autorenliste beispielsweise der „Achse des Guten", die ich hier nur unvollständig wiedergebe, liest sich wie das genealogische Handbuch des Adels, diesmal des journalistischen Adels: Dirk Maxeiner (u.a. ehemals Chefredakteur der Zeitschrift „natur"), Rainer Bonhorst (u.a. ehemals Chefredakteur der „Augsburger Allgemeinen Zeitung"), Günter Ederer (u.a. ehemals Wirtschaftsjournalist beim ZDF), Rainer Grell (ehemals Leitender Ministerialrat in Baden-Württemberg), Gunnar Heinsohn (emeritierter Professor für Sozialpädagogik), Gerd Held (u.a. Privatdozent an der technischen Universität Berlin), Walter Krämer (u.a. Professor für Wirtschafts- und Sozialstatistik an der TU Dortmund), Vera Lengsfeld (Bürgerrechtlerin in der DDR, Bundestagsabgeordnete), Thilo Sarrazin (u.a. Finanzsenator in Berlin, Mitglied des Vorstands der Deutschen Bundesbank).

„Tichys Einblick" weist eine ebenso beeindruckende Autorenliste auf (ebenfalls nur in Auszügen): Hugo Müller-Vogg (ehemals „FAZ"-Herausgeber), Fritz Goergen (Historiker, ehemals FDP-Bundesgeschäftsführer), Frank Schäffler (Geschäftsführer Berliner Denkfabrik „Prometheus - Das Freiheitsinstitut"), Kristina Schröder (Bundestagsabgeordnete, ehemals Bundesministerin) oder Nicola Beer (u.a. ehemals hessische Kultusministerin).

In ungezählten Blogs schreiben Journalisten unabhängig von Medienorganisationen. Besonders fallen mir Michael Klonovsky („Acta diurna"), Dushan Wegner und Hadmut Danisch auf, die philosophische und sprachliche Meisterwerke veröffentlichen, an denen sie vermutlich längere Zeit arbeiten müssen (Klonovsky, Wegner), oder aber auch (Danisch) mit einer gewissen sprachlich hemdsärmeligen Nonchalance Themen erörtern, die das breite Spektrum von Alltagsproblemen (Warten an der Supermarktkasse) bis zu gesellschaftspolitischen Überlegungen (Diagnose der Geisteswissenschaften) anpacken.

Sie alle tragen dazu bei, dass es mir um die Zukunft des Journalismus nicht bange ist. Mögen auch die gleichgeschalteten Einheitsmedien mit Haltung bewahrenden hofhörigen Journalisten auf der Strecke bleiben. Die Hofschmeichler und nachgackelnden Lobredner werden verdientermaßen immer seltener wahrgenommen

***

Dennoch, und das möchte ich mit einem einzigen Satz be-
gründen, lese ich gerne in etablierten Zeitungen und Zeitschriften.

Von Zeit zu Zeit nehme ich die in diesem Buch arg kritisierten
Gazetten in die Hand, blättere in ihnen, husche über Überschriften hin, bin manchmal, bei politischen Themen häufig, ergrimmt,
entdecke aber auch Artikel, deren einzelne Sätze beim überflie-
genden Blick mein Interesse wecken, die mich zu Themen führen, von denen ich vor der Lektüre nicht geahnt habe, dass sie
mich fesseln würden, lese dann den Schluß des Beitrags, danach
ganze Passagen mittendrin und schließlich, weil es verlockend
erscheint, den gesamten Text, lasse mich leiten, der Gedanken-
welt des Autors zu folgen, seine Argumentation nachzuvollziehen, ohne jedoch jede Windung seiner Gedankenkette abzuseg-
nen, respektiere demungeachtet immerhin divergierende Sicht-
weisen und freue mich, wenn ich nach der Lektüre etwas dazu
gelernt habe, von jemandem, der ein fundiertes Wissen hat, stringent denkt und seine Gedanken zudem in eine Sprache fasst, die
in ihrem Wortschatz und ihrer Konstruktion den in vielen Blätt-
chen üblichen sprachlichen Tiefstand der Klippschule überwindet
und geeignet ist, mir das Vergnügen zu bereiten, den Stil und das
Formgefühl des Autors für die Sprache zu genießen, ein Vergnügen, das dann eine noch größere Freude auslöst, wenn der Text
des Artikels in einer schönen Schrift grafisch gelungen aufberei-

tet und mit Bildern anschaulich illustriert ist, sodass ich schließlich das Blatt zufrieden beiseite lege, im Bewusstsein, einer, ja, diese Bezeichnung dürfte zutreffen, einer kulturellen Leistung gewahr worden zu sein, die auf Wissen, Logik, Sprache und grafischer Kunst beruht und somit großes Pläsier bereitet.

Auch im Fernsehen finde ich manches Kleinod, in Dokumentationen, die auf tatsächlicher Recherche beruhen, in Sendungen mit Empfehlungen und Ratschlägen zur Lebensführung oder in Konzerten und, sofern nicht der ausufernden Selbstdarstellung eitler Inszenatoren des Regietheaters gehuldigt wird, in Opernaufführungen. Ich erwarte nicht immer vollendete Glanzstücke, sondern bin auch mit einer soliden Hausmannskost zufrieden.

Allerdings: Wenn ich merke, dass Autoren oder Fernsehsendungen mich erziehen oder umerziehen wollen, wenn sie mich bekehren oder bevormunden wollen, wenn sie mich einlullen oder täuschen wollen, wenn sie versuchen, mir gut zuzureden, wenn sie Fakten verschweigen oder verdrehen, kurz, wenn sie mich indoktrinieren wollen, damit auch ich Haltung zeige, dann lasse ich die Journale, in denen sie ihre Weltsicht verbreiten, im Zeitungskiosk liegen und den Fernseher ausgeschaltet.

Ich nehme an, dass ich nicht alleine bin. Es liegt an den Journalisten und den Medien, mich und andere im Publikum durch eine kluge, kompetente und professionelle Arbeit zu behalten oder sogar neue Interessenten zu gewinnen. Journalisten und Medien haben es in der Hand, entweder weiter an Bedeutung zu verlieren oder einen anständigen Journalismus zu gestalten, der eine Zukunft hat.

Anmerkungen:

Ich habe in diesem Buch eine „gendergerechte Sprache" vermieden und durchgängig bei allen Wörtern, dem generischen Gebrauch folgend („generisches Maskulinum"), Personenbezeichnungen nicht nach dem natürlichen sondern nach dem grammatischen Geschlecht gesetzt. Dieser geschlechtsindifferente Gebrauch diskriminiert niemanden, trägt aber sehr zur Lesbarkeit eines Textes bei. Ich halte es für eine Unsitte, einer sogenannten Feministischen Linguistik zu folgen und die deutsche Sprache zu verhunzen, indem „Gendersternchen" gesetzt, grafische Zeichen wie Schrägstrich, Binnen-I oder Auslassungsstrich verwendet oder jeweils beide Geschlechtsvarianten angesprochen werden.

Ich möchte kein Sprachverderber sein.

Die Quellenangaben habe ich mit dem Begriff „Online" gekennzeichnet, wenn sie im Internet auffindbar sind. Alle Fundstellen sind zum Zeitpunkt der Veröffentlichung dieses Buches aktiv, jedoch ist es möglich, dass einzelne Quellen zu späterer Zeit abgeschaltet werden und nur noch mit WayBack-Maschinen nachweisbar sind. - Ich habe nicht stringent unterschieden zwischen gedruckten Medien und Online-Medien (Beispiel „Spiegel" und „Spiegel-Online"). Es kommt mir bei der Analyse der Medien darauf an, die jeweilige Ideologie, die Standpunkte oder Haltungen der Medienhäuser darzustellen, nicht aber, zwischen einzelnen Redaktionen zu unterscheiden. Die grundsätzliche Einstellung der Redaktionen beispielsweise von „Bild" und „Bild-Online" dürfte sowieso nahezu kongruent sein.

Ich kenne die Medienwelt lediglich als Nutzer, als Außenstehender, nicht aber als Gestalter, als Insider. Dem Außenstehenden fehlen zwar alle nichtöffentlichen Zugänge zu den Interna der Medien, jedoch muss dies kein Nachteil sein, weil ein unverbildeter Blick aus der Ferne eine neutrale Gesamtsicht ermöglicht. Wenn in diesem Buch Interna der Medien oder Äußerungen einzelner Journalisten aufgezeichnet werden, handelt es sich immer um veröffentlichte Darstellungen.

Abkürzungen

ABC	American Broadcasting Company, New York City
AfD	Alternative für Deutschland, Berlin
AGF	AGF Videoforschung GmbH, Frankfurt am Main
ARD	Arbeitsgemeinschaft der öffentlich-rechtlichen Rundfunkanstalten der Bundesrepublik Deutschland
BBC	British Broadcasting Corporation, London
CNN	Cable News Network, Atlanta, Georgia
CRU	Climatic Research Unit, University of East Anglia, Norwich, UK
FAZ	Frankfurter Allgemeine Zeitung
GfK	Growth from Knowledge, GfK SE, Nürnberg
GW	Gigawatt, Leistungsgröße, 1 GW = eine Milliarde Watt
KEF	Kommission zur Ermittlung des Finanzbedarfs der Rundfunkanstalten, Mainz
IPCC	Intergovernmental Panel on Climate Change, Genf
MDR	Mitteldeutscher Rundfunk, Leipzig

NBC	National Broadcasting Company, New York City
NDR	Norddeutscher Rundfunk, Hamburg
RND	RedaktionsNetzwerk Deutschland, Hannover
SRF	Schweizer Radio und Fernsehen, Zürich
SWR	Südwestrundfunk, Stuttgart
TWh	Terrawattstunde, Einheit für Energie, 1 TWh = eine Milliarde Kilowattstunden
WDR	Westdeutscher Rundfunk, Köln
ZDF	Zweites Deutsches Fernsehen, Mainz

Quellenangaben

[1] Deutscher Imkerbund e.V.: Jahresbericht 2017/2018: Anzahl der Bienenvölker, S. 102

[2] Erich Kästner: „Fabian. Die Geschichte eines Moralisten", München 1989, S. 29 ff.

[3] Deutschlandfunk: Oliver Pohlmann, „Kästners „Fabian" unzensiert", Online 26. März 2014

[4] Der Spiegel: Leserbrief von Paul Sethe, „Frei ist, wer reich ist", 5. Mai 1965

[5] Der Spiegel: Peter Grubbe, „Links immer leiser?", 20. April 1965, S. 136 ff.

[6] die tageszeitung: Philipp Maußhardt, „Es gibt zwei Leben vor dem Tode", 29. September 1995, S. 12

[7] Media Perspektiven 5/2016: Horst Röper, „Zeitungsmarkt 2016: Pressekonzentration erneut leicht gestiegen", S. 254 ff.

[8] zit. nach Jürgen Wilke: „Zur Geschichte der Journalistischen Qualität", in: „Qualität im Journalismus: Grundlagen, Dimensionen, Praxismodelle", herausgegeben von Hans-Jürgen Bucher, S. 41 f.

9 Christian Daniel Friedrich Schubart, Artikel aus der „Deutschen Chronik", zit. in Jost Hermand (Hg.), „Von deutscher Republik 1775-1795. Texte radikaler Demokraten", Frankfurt am Main 1968, S. 37-39

10 Ferdinand Lassalle: „Reden und Schriften", Kapitel 9, Rheinische Rede, Leipzig 1987

11 ARD-Dokumentation von Stephan Lamby: „Nervöse Republik - ein Jahr Deutschland", gesendet am 19. April 2017

12 Peter Huth: „Kais Büro", Die Welt, 18. Januar 2019

13 rbb24: Podiumsdiskussion zur TV-Doku „Nervöse Republik", Online 30. März 2017

14 Giovanni di Lorenzo: turi2.tv, Youtube 10. Juli 2017

15 Meedia: „Höhere Qualität bei weniger Redakteuren - für Giovanni di Lorenzo eine „steile These"", Online 8. November 2016

16 Meedia: „"WDR-Journalistin zu Flüchtlingsberichten: „Wir sind natürlich angewiesen, pro Regierung zu berichten"", Online 18. Januar 2016

17 Der Tagesspiegel: „Wir bekommen keine politischen Vorgaben", Online 21. Januar 2016

18 Meedia: „"Meine journalistische Karriere in Deutschland ist zu Ende": Die bittere Bilanz einer WDR-Journalistin nach ihrem umstrittenen Zitat in der Flüchtlingskrise", Online 27. Juli 2017

19 Wolfgang Leonhard: „Es muß demokratisch aussehen...", Die Zeit, 7. Mai 1965

20 Margareta Mommsen: „Russland - Politisches System - Einleitung", Bundeszentrale für politische Bildung, Online 26. März 2018

21 Reporter-Workshop '17: „Journalismus in Zeiten der Trumps", Elisabeth Wehling, Vita

22 „Führte Sprachwissenschaftlerin Wehling die ARD in die Irre?", Tagesspiegel, Online, 21. Februar 2019

23 „ARD zahlte 120 000 Euro für Umerziehungs-Fibel", Bild, Online 19. Februar 2019

24 Elisabeth Wehling im Interview mit Friedemann Karig: „"Wer nur mit Fakten argumentiert, erreicht die Leute nicht", jetzt, Online 8. Dezember 2016

25 Elisabeth Wehling im Interview mit Thomas Eckert und Joachim Huber: „Wir gehen Trump immer noch auf den Leim", Der Tagesspiegel, Online 3. Februar 2017

26 Elisabeth Wehling: „Populismus und Sprache" Interview SWR2 am Morgen, Online 26. Oktober 2018

27 Ende Februar 2019 ist die Webseite von Elisabeth Wehling bereinigt: Die Informationen über die Sponsoren sind gelöscht. Allerdings sind sie als Screenshot dokumentiert.

28 „Klarstellung von ARD-Generalsekretärin Dr. Susanne Pfab: Was hat es mit dem so genannten „Framing Manual" auf sich?", Die ARD Online, 17. Februar 2019

29 Thomas Purschke: „Frau aus dem Osten mit Vergangenheit", Frankfurter Allgemeine Zeitung, Online 20. Oktober 2011

30 Dr. Karola Wille und Dr. Aribert Ondrusch: „Internationale Konferenz zu aktuellen Fragen des Revanchismus in der BRD", Neue Justiz 10/86, S. 417

31 Claudia Tieschky im Interview mit Karola Wille: „Klarmachen, was wir dem Einzelnen bringen", Süddeutsche Zeitung, Online 19. Dezember 2017

32 Presseportal NDR Norddeutscher Rundfunk „"ZAPP" zu den Debatten über Flüchtlinge und Asyl: „Journalismus - Mit Fakten gegen Lügen", Online 5. Dezember 2018

33 Die Zeit: „Wahrheit - nach wessen Maß?", Online 19. September 1969

34 Volker Schwenck, „Glaubwürdige Informationen aus Syrien?", tagesschau.de, Online 16. April 2016

35 dpa.com: „Wie arbeitet dpa?, Online Stand Februar 2018

36 vgl. The White House: „The Inaugural Address" Friday, January 20, 2017, Washington, D.C.

37 Michaela Kampl, „Der Ein-Mann-Betrieb berichtet aus Syrien", Der Standard, Online 15. Mai 2012

38 Mohammed Abbas, „Coventry - an unlikely home to prominent Syria activist", Reuters, Online 8. Dezember 2011

39 Mitteldeutscher Rundfunk: „Wie glaubwürdig ist die „Syrische Beobachtungsstelle für Menschenrechte"?", Online 21. Februar 2018

40 Swiss Propaganda Research: „Der Propaganda-Multiplikator: Wie globale Nachrichtenagenturen und westliche Medien über Geopolitik berichten", Online Juni 2016

41 tagesschau.de: „Tillerson soll offenbar abgelöst werden", Online 30. November 2017

42 bild.de: „Trump wollte Russland-Ermittler Mueller entlassen", Online 26. Januar 2018

43 Der Tagesspiegel: „Pentagon suchte heimlich nach Ufos", Online 17. Dezember 2017

44 Handelsblatt: „Auch Google entdeckt Wahlanzeigen aus Russland", Online 9. Oktober 2017

45 NDR Info Nachrichten: „Trump gerät persönlich ins Visier der Justiz", Online 15. Juni 2017

46 William P. Barr, Attorney General: „The Special Counsel´s Report", Washington, D.C., 24. März 2019

47 Stefan Kornelius: „Der unbestechliche Mueller erweist Trump einen Dienst", Süddeutsche Zeitung, Online 23. März 2019

48 Funke Mediengruppe: „Fünf Verlage stellen sich hinter „True Media", Webseite, Presse, 20. November 2018

49 Stefan Niggemeier: „Was in der Wahrheitspresse steht, kann ja gar nicht falsch sein" Übermedien Online, 26. November 2018

50 Meedia: „Paukenschlag bei DuMont und Madsack: Verlagshäuser gründen gemeinsame Hauptstadt Redaktion", Online 23. Mai 2018

51 NDR: „Recherchekooperation NDR, WDR und Süddeutsche Zeitung", Online 7. März 2018

52 Ein vielzitierter Artikel Noam Chomskys ist sein Essay: „What Makes Mainstream Media Mainstream" „Z Magazine", Oktober 1997

53 KEF: 21. Bericht Februar 2018, S. 53

54 Caterina Lobenstein und Mariam Lau: „Seenotrettung - Oder soll man es lassen?", Die Zeit, Online 11. Juli 2018

55 Heribert Prantl: „Menschenwürde steht nicht im Konjunktiv", Süddeutsche Zeitung, Online 12. Juli 2018

56 Zeit-Chefredaktion: „Gut gemeint, aber nicht gut genug", Die Zeit, Online 18. Juli 2018

57 Francis Fukuyama: „What is Populism?", Schriftenreihe der Atlantik-Brücke Band 08, ohne Datum

58 Axel Springer SE, Unternehmen, Die Essentials, Online 2018

59 Epoch Times: „Entlarvt: Energie-Krieg in Syrien - Kämpfe nur um Öl und Gas-Lieferrouten - Wer darf nach Europa liefern?", Online 4. September 2016/8. April 2017

60 Wissenschaftliche Dienste Deutscher Bundestag: „Rechtliche Implikationen des amerikanisch-britisch-französischen Militärschlags vom 14. April 2018 gegen Chemiewaffeneinrichtungen in Syrien", Aktenzeichen WD 2 - 3000 - 048/18

61 Bilderberg Meetings, The Official Website, Background, Former Steering Committee Members, bildergergmeetings.org

62 Christian Meier: „Josef Joffe - Der Dickbrettbohrer", in Stephan Weichert/Christian Zabel: „Die Alpha-Journalisten", Köln 2007, S. 193

63 Deutscher Bundestag: „Antwort der Bundesregierung auf die Kleine Anfrage der Abgeordneten Dr. Axel Troost (et al.) und der Fraktion Die Linke zur Bilderberg-Konferenz 2016 in Dresden", Drucksache 18/8383 vom 10. Mai 2016

64 Bundesakademie für Sicherheitspolitik: BAKS-Medientage, Online

65 Deutsche Atlantische Gesellschaft e.V., Einladung zur Podiumsdiskussion am 22. März 2018

66 Junge DGAP Hamburg: Hintergrundgespräch mit Stefan Kornelius, 12. März 2018

[67] Axel Springer SE, Presseinformation: „Leading European Newspaper Alliance: Europäische Zeitungen gründen einen gemeinsamen Verbund", 10. März 2015

[68] Landgericht Hamburg, Az.: 324 O 315/14 vom 3. Juni 2014

[69] Hanseatisches Oberlandesgericht, Az.: 7 W 78/14, 324 = 316/14 LG Hamburg, vom 26. Juni 2014

[70] „Bundesgerichtshof zur Ermittlung des Aussagegehalts von Äußerungen in einer Satiresendung", Urteile vom 10. Januar 2017-VI ZR 561/15 und VI ZR 562/15, Mitteilung der Pressestelle Nr. 4/2017

[71] Sebastian Haffner: „Von Bismarck zu Hitler: ein Rückblick", München 1989, S. 257 f.

[72] Bundestag Drucksache 19/5134 vom 18. Oktober 2018

[73] Bundestag Drucksache 19/2376 vom 30. Mai 2018

[74] Mediendienst Integration: „Flüchtlingsdebatte - Die wichtigsten Begriffe für den Journalisten-Alltag", Aktualisierte Fassung Stand März 2018

[75] Armutsnetzwerk e.V.: „Liste der sozialen Unwörter", Online ohne Datum

[76] George Orwell: „1984", 43. Auflage, Berlin 2017, S. 361 ff.

[77] Peter Schlobinski: „Mediensprache Wider die Rechtsradikalisierung im Sprachgebrauch", in „mediensprache", Online 22. September 2016

[78] Thomas Niehr: „Sprache von Populisten", RWTH Aachen, Youtube, 29. September 2017

Deutschlandfunk: „Lassen Sie die Finger von NS-Vergleichen", Thomas Niehr im Gespräch mit Michael Köhler, Online 9. Juli 2017

Thomas Niehr: „Rechtspopulistische Lexik und die Grenzen des Sagbaren", Bundeszentrale für Politische Bildung, 26. Januar 2017

[79] Gustave Le Bon: „Psychologie der Massen", Vierte Auflage Stuttgart 1922

[80] Barbara Hans: „Warum Redaktionen mehr Vielfalt brauchen", Der Spiegel, Online 16. August 2017

[81] Julian Nida-Rümelin: „Gewaltige Geländegewinne", Süddeutsche Zeitung, Online 2. Dezember 2014

[82] Gabor Steingart: „Der Irrweg des Westens", Handelsblatt, Online 8. August 2014

[83] Tom Schimmeck: „Am besten nichts Neues - Medien, Macht und Meinungsmache", München 2010

[84] infratest dimap: Glaubwürdigkeit der Medien, Oktober 2015, Auftraggeber WDR

[85] Westdeutscher Rundfunk, Presselounge: „WDR-Studie: Glaubwürdigkeit der Informationsangebote deutscher Medien deutlich gestiegen", Online 1. März 2018

[86] infratest dimap: Glaubwürdigkeit der Medien, Februar 2018, Auftraggeber WDR

[87] Christian Breunig, Birgit van Eimeren: „50 Jahre „Massenkommunikation": Trends in der Nutzung und Bewertung der Medien", Media Perspektiven 11/2015, S. 505 ff.

[88] Michael Meyen: „Die Medien-Illusion", Rubikon, Online 14. April 2018

[89] ARD Akzeptanzstudie 2018, Medienübergreifende Reichweiten des ARD-Verbunds, 18. April 2018.

[90] Meedia: „Akzeptanzstudie 2018: „ARD ist das Medium, das Menschen am verlässlichsten erreicht", Online 18. April 2018

[91] GfK Verein: „Berufe mit Vertrauensbonus", Online März 2018

[92] Civey: „Presse - Die Hälfte der Deutschen misstraut den Medien", Online 3. Mai 2018

[93] Der Spiegel: „Warum sind so viele Journalisten links?", Online 18. April 2013

[94] Siegfried Weischenberg, Armin Scholl, Maja Malik: „Parteipräferenzen von Journalisten - Die Souffleure der Mediengesellschaft", September 2006, zit. nach Mathias Kepplinger: „Milieus und Medien", Seminar der Bundeszentrale für politische Bildung, 10. Mai 2011, Berlin

[95] Mathias Kepplinger: „Milieus und Medien", Seminar der Bundeszentrale für politische Bildung, Berlin 10. Mai 2011

[96] Michael Haller: „Die „Flüchtlingskrise" in den Medien - Tagesaktueller Journalismus zwischen Meinung und Information", Otto-Brenner-Stiftung, 21. Juli 2017

[97] Zahlen: IVW Informationsgemeinschaft zur Feststellung der Verbreitung von Werbeträgern e.V.

[98] Horst Röper: „Zeitungsmarkt 2018: Pressekonzentration steigt rasant", Media Perspektiven 5/2018 S. 216 ff.

[99] Lisa Goldmann: „Ist das Fernsehen tot?"; Die Zeit, Online 10. April 2016

[100] AGF in Zusammenarbeit mit GfK, TV Scope, 1.1.2017-31.12.2017

[101] Statista: „Reichweiten ausgewählter Nachrichtensendungen in den Jahren 2015 bis 2017"

[102] merkur.de: „Große Quoten-Analyse: Das waren die besten Talkshows 2017", Online 18. Dezember 2017

[103] Statista: „Ranking der Gäste mit den meisten Einladungen in den Talkshows von ARD und ZDF im Jahr 2017"

[104] Die Welt: „Habeck war der häufigste Talkshowgast 2018", Online 10. Januar 2019

[105] Max Weber: „Geistige Arbeit als Beruf", Erster Vortrag vor dem Freistudentischen Bund, „Wissenschaft als Beruf", München und Leipzig 1919, S. 24

[106] Henryk M. Broder: „Üppiges Tagegeld stellt Schulz' Versprechen in Frage", Die Welt, Online, 12. Mai 2014

[107] Henryk M. Broder: „Als ich Plasberg die Angst vor der sPD ansah", Die Welt, Online, 15. Mai 2014

[108] Bret Stephens: „Why Merkel must go", New York Times, Online 5. Juli 2018

[109] Heinrich Wuttke: „Die deutschen Zeitschriften und die Entstehung der öffentlichen Meinung", 2. Auflage Leipzig 1875, S. 13

[110] Reporter Forum, Reporterpreis 2018, WayBack Machine, Online 4. Dezember 2018

[111] Cordt Schnibben: „18 Thesen zur redaktionellen Gesellschaft", Youtube 12. Dezember 2017

[112] Matthias Matussek: „Das linke Missverständnis", Tichys Einblick, 2/2019 S. 15

113 Sascha Lobo: „Das Arschlochproblem der sozialen Medien", Der Spiegel, Online 26. Dezember 2018

114 Reporter Forum, Reporterpreis 2018, Online 20. Dezember 2018

115 Claas Relotius: „Fans des US-Präsidenten - Wo sie sonntags für Trump beten", Der Spiegel, Online 23. März 2017

116 Matthias Matussek: „Das linke Missverständnis", Tichys Einblick 2/2019, S. 19

117 Ullrich Fichtner: „Spiegel legt Betrugsfall im eigenen Haus offen", Der Spiegel Nr. 52, S. 40 ff

118 Alexander Wendt: „Gerechtigkeit für Claas Relotius", Publico, Online, 31. Dezember 2018

119 Michele Anderson, Jake Krohn: „Der Spiegel journalist messed with the wrong small town", Medium, Online 19. Dezember 2018

120 Laura Hertreiter: „Was sich gegen das Misstrauen tun lässt", Süddeutsche Zeitung, Online, 21. Dezember 2018

121 Wolfgang Röhl: „Der „Spiegel" und die Einzelratte. Eine Entwarnung", Die Achse des Guten, Online 11. Januar 2019

122 Jens Schröder: „Cover-Check: Spiegel mit Relotius-Titel über Normalniveau, Focus schlägt mit Diät-Doppelausgabe den stern", Meedia, Online 22. Januar 2019

123 journalist: „Wie ist die wirtschaftliche Lage von Journalisten in Deutschland?", Online, 7. Mai 2018

124 Laura Meschede: „Keine Option mehr", Junge Welt, Online 5. Oktober 2018

125 Georg Restle: „Plädoyer für einen werteorientierten Journalismus", WDRprint, Juli/August 2018, S. 44f.

[126] Georg Restle auf Twitter, 3. Juli 2018

[127] Anja Reschke: „Haltung zeigen!", Reinbek 2018

[128] Carolin Emcke: „Nicht objektiv, sondern verantwortungslos", Süddeutsche Zeitung, Online, 8. Juni 2018

[129] Josef Joffe: „Amerikas blonder Mussolini", Die Zeit, Online, 21. November 2016

[130] Arlie Russell Hochschild: Strangers in their own land", New York 2016

[131] Thomas E. Patterson: „News Coverage of Donald Trump´s First 100 Days", Shorenstein Center on Media, Politics and Public Policy, Harvard Kennedy School, Online 18. Mai 2017

[132] Patricia Moy, Michael Pfau: „With Malice Toward All?", Westport, CT, 2000

[133] Meedia: „"Tagesschau" macht Buhrufe gegen Trump lauter - Manipulation oder „journalistische Präzision"?, Online 29. Januar 2018

[134] New York Times: Trump Calls the News Media the „Enemy of the American People", Online 17. Februar 2017

[135] Meedia: „Spiegel rutscht mit erneutem Trump-Titel auf 6-Wochen-Kiosk-Tief, auch stern und Focus unter Soll", Online 5. Dezember 2017

[136] Die Welt: „Der Umstrittenste", Die Welt (Online Edition): „Der Prolet der Politik", 19. Januar 2019

[137] vgl. Holger Schulz: Rechtsbrüche und Manipulationen, Hamburg 2018, S. 59 ff.

138 Vereinte Nationen, Generalversammlung, 71. Tagung, Tagesordnungspunkte 13 und 117, Resolution der Generalversammlung, verabschiedet am 19. September 2016 „New Yorker Erklärung für Flüchtlinge und Migranten"

139 Ulrich Vosgerau: „Zur Verbindlichkeit in Völkerrecht am Beispiel des „Global Compact for Safe, Orderly and Regular Migration", Berlin, 5. November 2018

140 „Bericht der Bundesregierung zur Zusammenarbeit zwischen der Bundesrepublik Deutschland und den Vereinten Nationen und einzelnen, global agierenden, internationalen Organisationen und Institutionen im Rahmen des VN-Systems in den Jahren 2016 und 2017", Auswärtiges Amt, August 2018

141 „Starkes Signal gegen den Terrorismus", Die Bundeskanzlerin, 16. November 2015

142 Deutscher Bundestag - 19. Wahlperiode - 54. Sitzung Mittwoch, den 10.Oktober 2018, 5817 (A)

143 Peter Frey: „Hämisch, empfindlich - und hungrig nach Anerkennung", Die Zeit, Online 28. Oktober 2018

144 Blog Acta diurna, Michael Klonovsky, Online 26. Oktober 2018

145 Katharina Schuler: „Ein ermutigendes Zeichen gegen die Angstmacher", Die Zeit, Online 10. Dezember 2018

146 Sebastian Haffner: „Von Bismarck zu Hitler - Ein Rückblick", München 1989, S. 256 ff.

147 Arnulf Baring: „Anmerkungen zu Haffner", Die Welt, Online, 4. Januar 1999

[148](„New York Times", Scientists Ask Why World Climate Is Changing; Major Cooling May be ahead", Walter Sullivan, 21. Mai 1975

Der Spiegel, „Wetter - Katastrophe auf Raten", 12. August 1974)

Der Spiegel: „Das Weltklima gerät aus den Fugen", 11. August 1986

[149] Wikileaks: Climatic Research Unit emails, data, models, 1996-2009, 21. November 2009

[150] Deutschlandfunk: Volker Mrasek „Forscher rehabilitiert, „Climagate" verlief im Sande", Online 18. November 2010

[151] Der Spiegel: „Klimawandel-Szenarien - London, Paris und Polen sind untergegangen" acht Autoren, Online 30. November 2018

[152] Der Spiegel: „Weltgemeinschaft schafft Drehbuch für die Weltrettung", Online 15. Dezember 2018

[153] Basler Zeitung: Alex Reichmuth im Interview mitNils-Axel Mörner: „Diese Forscher haben eine politische Agenda", Online, 1. Februar 2018

[154] Maximilian Probst, Daniel Pelletier: „Fake-News - Der Krieg gegen die Wahrheit", Die Zeit, Online 6. Dezember 2017

[155] „Weltklimarat drängt zum Handeln", tagesschau.de, 8. Oktober 2018

[156] „Klimarat fordert raschen Umbau der Weltwirtschaft", Die Zeit, Online, 8. Oktober 2018

[157] Michael Bauchmüller: „Weltklimarat hält „nie dagewesene Veränderungen" für nötig", Süddeutsche Zeitung, Online, 8. Oktober 2018.

[158] A/RES/43/53, 70th plenary meeting, 6 December 1988: „Protection of global climate for present and future generations of mankind"

[159] Masha Gessen: „The fifteen-year-old climate activist who is demanding an new kind of politics", The New Yorker, Online 2. Oktober 2018

[160] Der Tagesspiegel: „Klimaaktivistin -Greta Thunberg, 15: „Mein Appell an die Welt"", Online 20. Dezember 201

[161] Katerina Janouch: „Wir basteln uns eine Klima-Ikone", Die Weltwoche, Online, 23. Januar 2019

[162] United Nations Framework Convention on climate change, Conference of the parties, Katowice, 2-14 December 2018, Provisional list of registered participants

[163] His Excellency Beretitenti Taneti Maamau´s Statement (On the Occasion of the Leaders Event of COP 23 Bonn, Germany 15th Novembr 2017)

[164] Anote Tong, Matthieu Rytz: Our island is disappearing but the president refuses to act", Washington Post, Online 24. Oktober 2018

[165] Hannah Lesch: „Zwischen Urlaubsparadies und Naturkatastrophe", Fink Hamburg, Online 10. Oktober 2018

[166] Robert van Waarden: „Climate-induced migration: the survivors", Climate visuals, Online 29 Januar 2019

[167] Die Welt: „Kohleausstieg erst 2038? Greta Thunberg findet das „absurd"", Online, 7. Februar 2019

[168] Der Spiegel: „Greta Thunberg findet Termin für deutschen Kohleausstieg absurd", Online, 7. Februar 2019

[169] „World´s Dumbest Energy Policy", Wall Street Journal, Online, 29. Januar 2019

[170] Fraunhofer-Institut für Solare Energiesysteme ISE: Energy Charts

[171] Holger Steltzner: „Klimareligion mit Ablasshandel", Frankfurter Allgemeine Zeitung, Online 15. Februar 2019

[172] CESifo: „Das ifo Institut kritisiert die Kohlekommission", Pressemitteilung 27. Januar 2019

[173] OÖNachrichten: „Jeden dritten Tag hilft Linzer Kraftwerk den Deutschen aus", Online 30. Januar 2019

[174] John Pilger: „Hold the Front Page, the Reporters are Missing", Counter Punch, Online 20. September 2018

[175] Joseph A. Wulfsohn: „BuzzFeed faces backlash over special counsel rebuke of bombshell Trump report", Fox News, Online 19. Januar 2019

[176] Markus Decker: „Rechtspublizistische Grauzone - Henryk M. Broder ist nicht allein", Ostsee-Zeitung, Online, 31. Januar 2019

Zeitfracht Medien GmbH
Ferdinand-Jühlke-Straße 7
99095 Erfurt, Deutschland
produktsicherheit@kolibri360.de